ビックリするほど当たる!

12色
キャラ診断

一般社団法人キレイデザイン協会 理事長
大沢清文

かざひの文庫

レッド

「情熱あふれる太陽のような人」

**みなぎる活力で未来へ前進し、
惜しみない情熱で常に
最善の努力をする**

レッドのキーワードは「パッション」

- □ 思ったらすぐ行動
- □ したいことを邪魔されると嫌
- □ 短期決戦型
- □ 興味のあることに関して「待つ」は辞書にない
- □ 相談しない、言い訳しない、ムダ口がない

…etc. 続きは P22 へ

レッドオレンジ

「たわわに実る果樹のような人」

**太陽をふんだんに浴び、
明るいステージで
力を発揮できる**

冒険心

瞬発力

可能性

変化

スピード感

レッドオレンジのキーワードは「スピーディー」

- □ 究極の前向き
- □ スピード感を大事にしている
- □「できない」「無理」と言われると可能にしたくなる
- □「失敗」は辞書にない、失敗しても切り替えが早い
- □ ワクワクして、元気なところにいないとダメ

…etc. 続きは P33 へ

オレンジ

「自由に軽やかに吹き抜ける風のような人」

フットワークが軽く、
何事にも左右されない、
明るさと楽しさがある

オレンジのキーワードは「フレンドリー」

- □ フレンドリーに動いて楽しむ
- □ すぐに結果を出したい
- □ 堅苦しい雰囲気が苦手
- □ 手先が器用
- □ 何でもゲーム感覚で楽しむ

…etc. 続きは P44 へ

イエロー

「どこまでも続く広大で聡明な空のような人」

**広い視野で、
知的好奇心にあふれ、
自分自身を高める向上心を持っている**

イエローのキーワードは「スマート」

- □ 新しいものが大好き
- □ スマートにリーダーシップをとりたい
- □ 向上心が高い
- □ 天真爛漫
- □ メンツやプライド、立場にこだわる

…etc. 続きは P56 へ

イエローグリーン

「まわりをホッとさせる優しい花のような人」

愛情を持って、
パートナーやそのまわりの人々を
大切にする
観察力
自己成長
変身
新鮮
再生

イエローグリーンのキーワードは「ラブ」

- □ 観察力に優れる
- □ 成長願望が強い
- □ 好奇心が旺盛
- □ 愛情の確認が重要
- □ 感情が素直に出やすい

…etc. 続きは P68 へ

グリーン

「森を守り、天に向かってまっすぐ伸びる大樹のような人」

和を大切にし、
安定供給される自然サイクルを
保つ努力をする

グリーンのキーワードは「ヒューマン」

- □ 助け合い、状況を落ち着かせる力
- □ 客観的に物事を判断する
- □ 相談をされるとすごく嬉しい
- □ 情報収集家
- □ 平和、人間愛を大事にする

…etc. 続きは P80 へ

ブルーグリーン

「自分のペースを基軸にゆったりと自転する地球のような人」

ゆっくりと歩みを止めることなく、
バランスを考えながら
マイペースに進んでいく

ブルーグリーンのキーワードは「バランス」

- ☐ 自由、平等、博愛主義
- ☐ バランス感覚バツグン
- ☐ 悠然とした雰囲気
- ☐ 全体像がつかめないとダメ
- ☐ 決めると徹底的にやる

…etc. 続きは P92 へ

ターコイズ

「独自の世界と新鮮なアイデアが湧き出る泉のような人」

途絶えることなく
湧き出る泉のように、
独創的な発想を生み出す

ターコイズのキーワードは「オリジナル」

- □ 自分にしかできないオンリーワンを目指す
- □ 個性的
- □ 自己流を持っている
- □ マイペースでオリジナリティがある
- □ 納得するまで考える

…etc. 続きは P104 へ

ブルー

「人の心を包み込み、優しくひっそり輝く月のような人」

一人ひとりを大切に、
じっくりと向き合い、
まわりの役に立つことに喜びを感じる

ブルーのキーワードは「コミュニケーション」

- □ 柔軟性の高い社交力
- □ 自分の出番待ちをする
- □ 役割分担が好き
- □ 存在感を重視
- □ 何事も経験と実績を重んじる

…etc. 続きは P116 へ

インディゴ

「深い海の底で物事の真髄を見る海洋のような人」

インディゴのキーワードは「パーフェクト」

- □ 礼儀礼節を重んじる
- □ 頭を下げるのは苦手
- □ 徹底的にこだわる
- □ 直感力がある
- □ 世間体を気にする

…etc. 続きは P128 へ

パープル

「果てしなく、無限の可能性を持った宇宙のような人」

広く、つかめない空間そのもののように
自分のなかで枠を持たない
自由さがある

パープルのキーワードは「ファンタジー」

- □ 束縛される環境に弱い
- □ 気が乗っているか否かがわかりやすい
- □ 感情豊か
- □ カリスマ性がある
- □ 直感とひらめきの感性はすごい

…etc. 続きは P140 へ

マゼンタ

「大らかな愛ですべてを受けとめる母なる大地のような人」

しっかりと大地に足をつけ、
深い情けと公平で隔たりのない
愛を与える
包容力
献身
許容力
責任
奉仕

マゼンタのキーワードは「ドリーム」

- □ 夢を見ながらも現実を受け入れる力がある
- □ ロマンチスト
- □ 長期的展望を持っている
- □ 責任感が強い
- □ 競争意識は強いが負ける勝負はしない

…etc. 続きは P152 へ

キレイデザイン学12色早見表

①【コード数一覧表】から、生まれた年と月でコード表を確認する。
②確認したコード数に生まれた日を足す。
③合計数を【キレイデザイン学12色早見表】で確認する。
　＊合計数が60を超えた場合は、合計数から60を引く。

〈例1〉生年月日が「1970年3月17日」の場合
16（コード数）＋17（生まれた日）＝33
キレイデザイン学12色早見表「33」⇒ マゼンタ

〈例2〉生年月日が「1972年2月15日」の場合
58（コード数）＋15（生まれた日）＝73
合計数が60を超えているので　73－60＝13
キレイデザイン学12色早見表「13」⇒ ターコイズ

1 レッドオレンジ	11 イエローグリーン	21 パープル	31 レッド	41 ブルー	51 インディゴ
2 ブルー	12 レッド	22 パープル	32 イエローグリーン	42 レッドオレンジ	52 インディゴ
3 オレンジ	13 ターコイズ	23 グリーン	33 マゼンタ	43 ブルーグリーン	53 イエロー
4 マゼンタ	14 グリーン	24 ターコイズ	34 オレンジ	44 イエロー	54 ブルーグリーン
5 イエロー	15 オレンジ	25 ターコイズ	35 グリーン	45 マゼンタ	55 ブルーグリーン
6 ブルーグリーン	16 マゼンタ	26 グリーン	36 ターコイズ	46 オレンジ	56 イエロー
7 レッドオレンジ	17 イエローグリーン	27 パープル	37 レッド	47 ブルー	57 インディゴ
8 ブルー	18 レッド	28 パープル	38 イエローグリーン	48 レッドオレンジ	58 インディゴ
9 オレンジ	19 ターコイズ	29 グリーン	39 マゼンタ	49 ブルーグリーン	59 イエロー
10 マゼンタ	20 グリーン	30 ターコイズ	40 オレンジ	50 イエロー	60 ブルーグリーン

コード数一覧表

西暦	1月	2月	3月	4月	5月	6月	7月	8月	9月	10月	11月	12月
1928年	36	07	36	07	37	08	38	09	40	10	41	11
1929年	42	13	41	12	42	13	43	14	45	15	46	16
1930年	47	18	46	17	47	18	48	19	50	20	51	21
1931年	52	23	51	22	52	23	53	24	55	25	56	26
1932年	57	28	57	28	58	29	59	30	01	31	02	32
1933年	03	34	02	33	03	34	04	35	06	36	07	37
1934年	08	39	07	38	08	39	09	40	11	41	12	42
1935年	13	44	12	43	13	44	14	45	16	46	17	47
1936年	18	49	18	49	19	50	20	51	22	52	23	53
1937年	24	55	23	54	24	55	25	56	27	57	28	58
1938年	29	00	28	59	29	00	30	01	32	02	33	03
1939年	34	05	33	04	34	05	35	06	37	07	38	08
1940年	39	10	39	10	40	11	41	12	43	13	44	14
1941年	45	16	44	15	45	16	46	17	48	18	49	19
1942年	50	21	49	20	50	21	51	22	53	23	54	24
1943年	55	26	54	25	55	26	56	27	58	28	59	29
1944年	00	31	00	31	01	32	02	33	04	34	05	35
1945年	06	37	05	36	06	37	07	38	09	39	10	40
1946年	11	42	10	41	11	42	12	43	14	44	15	45
1947年	16	47	15	46	16	47	17	48	19	49	20	50
1948年	21	52	21	52	22	53	23	54	25	55	26	56
1949年	27	58	26	57	27	58	28	59	30	00	31	01
1950年	32	03	31	02	32	03	33	04	35	05	36	06
1951年	37	08	36	07	37	08	38	09	40	10	41	11
1952年	42	13	42	13	43	14	44	15	46	16	47	17
1953年	48	19	47	18	48	19	49	20	51	21	52	22
1954年	53	24	52	23	53	24	54	25	56	26	57	27
1955年	58	29	57	28	58	29	59	30	01	31	02	32
1956年	03	34	03	34	04	35	05	36	07	37	08	38
1957年	09	40	08	39	09	40	10	41	12	42	13	43
1958年	14	45	13	44	14	45	15	46	17	47	18	48
1959年	19	50	18	49	19	50	20	51	22	52	23	53
1960年	24	55	24	55	25	56	26	57	28	58	29	59
1961年	30	01	29	00	30	01	31	02	33	03	34	04
1962年	35	06	34	05	35	06	36	07	38	08	39	09
1963年	40	11	39	10	40	11	41	12	43	13	44	14
1964年	45	16	45	16	46	17	47	18	49	19	50	20
1965年	51	22	50	21	51	22	52	23	54	24	55	25
1966年	56	27	55	26	56	27	57	28	59	29	00	30
1967年	01	32	00	31	01	32	02	33	04	34	05	35
1968年	06	37	06	37	07	38	08	39	10	40	11	41
1969年	12	43	11	42	12	43	13	44	15	45	16	46
1970年	17	48	16	47	17	48	18	49	20	50	21	51
1971年	22	53	21	52	22	53	23	54	25	55	26	56
1972年	27	58	27	58	28	59	29	00	31	01	32	02
1973年	33	04	32	03	33	04	34	05	36	06	37	07
1974年	38	09	37	08	38	09	39	10	41	11	42	12

西暦	1月	2月	3月	4月	5月	6月	7月	8月	9月	10月	11月	12月
1975年	43	14	42	13	43	14	44	15	46	16	47	17
1976年	48	19	48	19	49	20	50	21	52	22	53	23
1977年	54	25	53	24	54	25	55	26	57	27	58	28
1978年	59	30	58	29	59	30	00	31	02	32	03	33
1979年	04	35	03	34	04	35	05	36	07	37	08	38
1980年	09	40	09	40	10	41	11	42	13	43	14	44
1981年	15	46	14	45	15	46	16	47	18	48	19	49
1982年	20	51	19	50	20	51	21	52	23	53	24	54
1983年	25	56	24	55	25	56	26	57	28	58	29	59
1984年	30	01	30	01	31	02	32	03	34	04	35	05
1985年	36	07	35	06	36	07	37	08	39	09	40	10
1986年	41	12	40	11	41	12	42	13	44	14	45	15
1987年	46	17	45	16	46	17	47	18	49	19	50	20
1988年	51	22	51	22	52	23	53	24	55	25	56	26
1989年	57	28	56	27	57	28	58	29	00	30	01	31
1990年	02	33	01	32	02	33	03	34	05	35	06	36
1991年	07	38	06	37	07	38	08	39	10	40	11	41
1992年	12	43	12	43	13	44	14	45	16	46	17	47
1993年	18	49	17	48	18	49	19	50	21	51	22	52
1994年	23	54	22	53	23	54	24	55	26	56	27	57
1995年	28	59	27	58	28	59	29	00	31	01	32	02
1996年	33	04	33	04	34	05	35	06	37	07	38	08
1997年	39	10	38	09	39	10	40	11	42	12	43	13
1998年	44	15	43	14	44	15	45	16	47	17	48	18
1999年	49	20	48	19	49	20	50	21	52	22	53	23
2000年	54	25	54	25	55	26	56	27	58	28	59	29
2001年	00	31	59	30	00	31	01	32	03	33	04	34
2002年	05	36	04	35	05	36	06	37	08	38	09	39
2003年	10	41	09	40	10	41	11	42	13	43	14	44
2004年	15	46	15	46	16	47	17	48	19	49	20	50
2005年	21	52	20	51	21	52	22	53	24	54	25	55
2006年	26	57	25	56	26	57	27	58	29	59	30	00
2007年	31	02	30	01	31	02	32	03	34	04	35	05
2008年	36	07	36	07	37	08	38	09	40	10	41	11
2009年	42	13	41	12	42	13	43	14	45	15	46	16
2010年	47	18	46	17	47	18	48	19	50	20	51	21
2011年	52	23	51	22	52	23	53	24	55	25	56	26
2012年	57	28	57	28	58	29	59	30	01	31	02	32
2013年	03	34	02	33	03	34	04	35	06	36	07	37
2014年	08	39	07	38	08	39	09	40	11	41	12	42
2015年	13	44	12	43	13	44	14	45	16	46	17	47
2016年	18	49	18	49	19	50	20	51	22	52	23	53
2017年	24	55	23	54	24	55	25	56	27	57	28	58
2018年	29	00	28	59	29	00	30	01	32	02	33	03
2019年	34	05	33	04	34	05	35	06	37	07	38	08
2020年	39	10	39	10	40	11	41	12	43	13	44	14
2021年	45	16	44	15	45	16	46	17	48	18	49	19

あなたとあの人のタイプはどれ？

3つの性格タイプ

MOON

イエロー・イエローグリーン・グリーン・ブルー

EARTH

オレンジ・ブルーグリーン・ターコイズ・マゼンタ

SUN

レッド・レッドオレンジ・インディゴ・パープル

個性は大きく分けると、「MOON」「EARTH」「SUN」の３つに分類することができます。

MOON

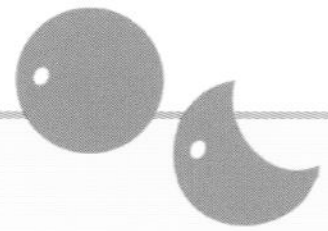

・競争やケンカはしたくない
・安全性や本物、原理が大切
・人柄や品質を重視
・信用を築く行動
・ムダが多い

EARTH

・競争して勝利したい
・時、タイミングが大切
・コストパフォーマンスを重視
・身体をフルに使った行動
・ムリをする

SUN

・何でもトライしていきたい
・規模やステータス性を重視
・いましかない、いますぐの行動
・ムラがある

はじめに

本書『ビックリするほど当たる！　12色キャラ診断』は、色彩の「深層心理」と統計学を融合させた新しい学問（キレイデザイン学）を、誰にでもわかる形で1冊にまとめた本です。

それぞれの人が持つ魅力と才能を、誕生日から導いて12色のカラーで表現しており、これまで10万人以上にお伝えしてきました。

ありがたいことに、次のような声をたくさんいただいています。

「自分を知ることができて生きるのがラクになった！」
「夫婦仲、家族との関係が劇的によくなった！」
「仕事での人間関係に悩むことがなくなった！　結果を出せるようになった！」

わたしたちのまわりには、色があふれています。
人が生きていくうえで、色はとても必要なものです。

わたし自身も、色を取り入れたことで、人生が大きく変わりました。
あなたや気になるあの人は、何色がテーマカラーでしょうか？

恋愛の傾向や仕事への取り組み方、人間関係における行動パターンは、12色のタイプによってずいぶんと異なります。

自分のこと、相手のことを知って、ぜひ仕事・恋愛・人間関係に活かしてください。

本書が一人ひとりの個性を認め合うきっかけとなるならば、こんなに嬉しいことはありません。

2021年8月31日　大沢清文

第1部

本当の自分が
見えてくる!
12色キャラ
徹底解説

レッド

情熱あふれる太陽のような人

レッドの人の特徴

レッドの人は、みなぎる活力で未来へ前進し、惜しみない情熱で常に最善の努力をする人です。前向きで努力を怠らず、何事にも全力で取り組みます。なんといっても、すぐに行動することや、臨機応変な対応に長けているところがあるのが大きな特徴です。使命感や責任感を持って、何事にも向き合いますが、不安に弱い一面も。ただ、レッドの人は、不安感も原動力にして、底力を発揮する力があります。過去や未来に縛られず前進していくために、問題点を見つけるのも得意ですね。

レッドのキーワードは「パッション」

- 思ったらすぐ行動
- したいことを邪魔されると嫌
- 短期決戦型
- 興味のあることを「待つ」という選択肢は辞書にない
- 相談しない、言い訳しない、ムダ口がない
- 常に何かに打ち込んでいたい気質がある
- 何事にも努力と根性を発揮する
- 「やるときには徹底してやる！」がモットー
- 先を見通すことは苦手なところも…
- 敵味方の区別が極めて明確で、はっきりしている
- 不言実行、根回しが得意
- 小さな不安に弱いところも

レッドの持つ意味と特徴＝行動力・アグレッシブ

キーワード：　行動力　情熱　やる気　前進　努力

レッドは、目的を持って体を動かすエネルギーにあふれるカラーです。過去より目の前のことに集中して前進し、どんな障害にも全力で立ち向かい、努力を惜しまないパワーを与えてくれます。

動くことを不安だと感じるときにレッドを身につけると、前に進む力を後押ししてくれるでしょう。

〈恋愛〉好きになったら一途に愛を貫く

レッドの人の恋愛パターン

じつは愛情深くピュアな人が多いレッド。何事にも慎重なので、とりあえず付き合ってみるなんてことはしません。好きになったら一途に愛を貫きます。
普段のアグレッシブさとは裏腹に、「好き」という想いを告げられないタイプで、できれば気持ちを察してほしいと思っています。少し意外ですね。

いまこの瞬間を大切にする性質なので、レッドとの待ち合わせに遅刻は厳禁。
言葉数は少ないものの、どっしりかまえて頼りになる人が多いのも特徴です。

レッドの人との恋愛アドバイス

レッドの人とは、誠実な気持ちで付き合うことが長続きの秘訣。慎重派ゆえに、誠意を込めて関わる人に対しては心を開きやすいでしょう。

ただ、あまりに世話を焼きすぎると、うとましがられるかもしれません。その境界線のバランスをうまくとることがポイントです。入り込みすぎると、敵とみなされてしまう可能性も…。

もし「悩んでいるのかな?」と感じたときには、そっと声をかけるのが効果的。さりげなくアドバイスをすると、元気が出ます。レッドが抱える小さな不安を解消できるように寄り添っていると、いい関係を築いていけるでしょう。

〈仕事〉いまこの瞬間に一点集中する職人気質タイプ

レッドの人の仕事への取り組み方

仕事にコツコツ取り組み、何が何でもやり遂げようとするプロフェッショナルです。そのストイックさに、まわりは舌を巻くほど。

物事の習得が早く、複数の仕事を同時にこなすことにも抵抗がありません。

どっしりと落ち着いているように見えますが、じつは常に不安でいっぱい…。

それゆえ、今日できることを明日に持ち越すのは落ち着きません。

報告・連絡・相談が苦手なので、上手に促してあげることが必要かも。

打ち解けると、年下や後輩の面倒をよく見てあげられる人が多いのも特徴です。

レッドの人と仕事をするとき

不安な気持ちになりやすいレッドの人は、安心できるひと言に勇気が出ます。ひとたび安心すると持ち前のプロ根性を発揮して、ゴールに向かってつき進むでしょう。

急ぎの仕事の場合、優先順位がわかると率先して取り組みます。そうすることで、慌ててミスをすることもなく、ストイックに仕事を進めることができるのです。

見えないところでも努力を惜しまないレッドの人は、気づいて感謝されると喜びます。「助かっているよ」のひと言がエネルギーになるタイプです。しっかりと期日までに終わらせる配慮を欠かさないので、察してあげると効果的。

得意ではないレッドの人への対応策

- プロ意識が高い人なので、言い訳はしない
- レッドから頼まれたことに対して、すぐ行動する

〈人間関係〉滅多に怒らないけれど怒ると怖い！

レッドの人の人間関係

レッドの人を怒らせたら大変！

12色キャラのなかで、怒らせると一番怖いのがレッドです。好き嫌いが態度に出やすいところもあるので、不機嫌なときには少し近寄りがたいと思われているかもしれません。一方で、誰とでも温かい関係を築ける愛情深い人でもあります。ただ、相談することが苦手なので、なんでもひとりで解決しようとするところも…。「言わなくても察してほしい」と心のなかで思っているところがあるので、時には胸の内を言葉にすることを意識するといいですね。

レッドの人と接するとき

レッドの人はとても真面目。ですから、批判する言葉は極力控えましょう。悲観的になりやすいので、励ましたり勇気づけたりしてあげるのが効果的です。不安を取り除いてあげる言葉がけは◎。

レッドの人に効果的な言葉がけ

「早くてきっちりしているね」
「こだわっているね」

レッドの人に言ってはいけないNGワード

「適当にざっとまとめておいてね」
「細かく確認して報告してね」

レッドの人と関わるときのポイント：情熱的な対応が好まれる

話が通じやすい相手：ブルー

話が伝わりにくい相手：ターコイズ

レッドの人が不安なときは・・・

本人はどうしたらいい？

- 止まらないで身体を動かして前に進みましょう
- 信頼できる誰かにバックアップしてもらいましょう

まわりの人はどうしてあげたらいい？

- 前向きに笑顔で話しかけましょう
- プラスになる知識を与えましょう
- いろいろ途中で口を出さないこと

その他レッドにまつわること

レッドの有名人

貴乃花、和田アキ子、片岡愛之助、吉田羊、ローラ、篠原涼子、吉永小百合、相葉雅紀、ＤＡＩＧＯ、中居正広、山田孝之、コロッケ、陣内智則

レッドの力を強化したいときにおすすめなのは…

- 食べもの：りんご・トマト・イチゴ・牛肉・赤ワイン
- カラーストーン：ルビー
- アロマオイル：ベルガモット（成功願望や目標達成を前向きにサポート）

レッドオレンジ

たわわに実る果樹のような人

レッドオレンジの人の特徴

レッドオレンジの人は、太陽をふんだんに浴び、明るいステージで力を発揮できる人です。現状に甘んじることなく、新しい変化を求めてチャレンジするのが得意です。その分、常に変わることを恐れずにすばやく動き、成果を手にすることができます。また、自分に限りない可能性を感じながら、人生に体当たりしていく行動力と、まわりを巻き込んで進めていく勢いにあふれているので、レッドオレンジの人と一緒にいると、明るい気持ちにしてもらえます。

レッドオレンジのキーワードは「スピーディー」

- 究極の前向き気質
- スピード感を大切にしている
- 「できない」「無理」と言われると可能にしたくなるところも
- 「失敗」は辞書にない。失敗しても切り替えが早いのも特徴
- ワクワクする場、元気な場でないと居心地が悪い
- 石橋をたたく前にすでに飛んでいる
- 悪口、グチ、文句は苦手。本人も言わない
- 好奇心が極めて強いので、新しいものが好き
- チャレンジ精神に満ちあふれている
- 瞬発力はあるものの、長続きしない一面も
- 常に大勢のなかの中心にいたい
- 「ピンときたらすぐ行動！」がモットー

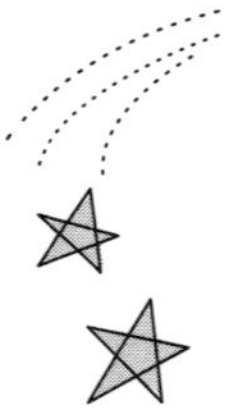

レッドオレンジの持つ意味と特徴＝改革力・チャレンジ

キーワード：冒険心　スピード感　瞬発力　可能性　変化

レッドオレンジは、レッドの行動力とオレンジの楽しさを併せ持ったカラーです。パッと目にするだけで視界が明るくなるので、チャレンジする勇気とエネルギーを与えてくれます。

勇気や元気が出ないときには、レッドオレンジの色を身につけましょう。エネルギーがあふれ、成功へと導いてくれるはずです。

自分だけでなく、まわりを明るくしたいときにもおすすめな色です。

〈恋愛〉超プラス思考だけれど、恋愛には意外と臆病

レッドオレンジの人の恋愛パターン

とことんポジティブで行動力もあるレッドオレンジですが、恋愛には意外と奥手。妄想が止まらず、つい「うまくいかないかも…」「もう、彼氏（彼女）がいるよね…」と悪いほうへ考えてしまうことも。

ところが、いったん「この人！」と決めたら情熱的にアピールを始めます。ドラマチックな恋愛に憧れ、ドキッとする展開に弱いのも特徴です。

レッドオレンジの人との恋愛アドバイス

まるで映画のようなシチュエーションにときめいてしまいます。「運命の人かも!?」と思うようなワンシーンに遭遇すると、一気に恋に落ちるかもしれません。一途になったら猛アタックの可能性も！

レッドオレンジの人は、よほどのことではない限り、自分から動き出さないところもあるので、話を聞いてあげる機会を増やすと効果的です。そうすると、「わたしに好意があるのかな？」と心を開いてくれます。

話をするときには、前向きな気持ちになるような話題を心がけ、悪口、グチ、文句を言わないこともポイントです。

とにかく好奇心とチャレンジ精神が旺盛なこのタイプ。興味のおもむくままにスピード感を共有できる人に対しては、一目置くでしょう。

ワクワクすること、元気が出ることを一緒に楽しむことが効果的ですよ。

〈仕事〉持ち前のポジティブ思考とスピード感で人生を切り拓く

レッドオレンジの人の仕事への取り組み方

なんといっても、誰よりもスピーディーな行動力が持ち味です。失敗をものともしないポジティブさで、人生をどんどん切り拓いていきます。大きなくくりで物事を進める傾向にあり、細かいことにはこだわりません。その分、緻密な計画や段取りは苦手な人もいます。

フットワークの軽さとユニークな発想が大きな魅力でもあります。

自分のペースで物事を進められないと、途端に意気消沈したり、人から命令されるとやる気をなくしたり…。時々気分のムラはありますが、持ち前のチャレンジ精神で新しいこと、おもしろそうなことにはどんどんトライしていきます。

レッドオレンジの人と仕事をするとき

小さくても成功体験を積み重ねることで、達成感を得られるタイプです。その喜びが、次へのエネルギーになるタイプでもあるので、達成感を感じやすいことに取り組んでもらえるといいですね。

失敗してもへこたれず、切り替えが早いのが何よりも強みなので、よりよくなる方法が見つかると、どんどんいい仕事をしていきます。

改善ポイントを一緒に探したり、さりげなく伝えてあげるのもいいでしょう。

要点がわかってくると、持ち前の行動力を発揮します。自分の可能性を信じているため、文句も言わずひたすら前向きに進むのが特徴です。

新しいことをどんどんお願いするのもいいかもしれません。

得意ではないレッドオレンジの人への対応策

●スピード感を大切にしているので、行動や返信などできるだけ早く対応する
●元気な人が好きなので、リアクションを大きくして明るく楽しく話す

〈人間関係〉ペースを尊重してあげることが大事

レッドオレンジの人の人間関係

自信に満ちあふれていて、やや自信過剰な発言も飛び出すレッドオレンジの人。おもしろそうなこと、新しいことが大好きでパッと飛びつくけれど、「なんかちょっと違う…」と思えばすぐに冷めてしまうところも。

レッドオレンジ

感情のコントロールが少々苦手で、気分や行動にムラがありがちなのをまわりが理解してあげられると◎。
スピード感を大切にしているので、ペースの合う人とうまくいきます。

レッドオレンジの人と接するとき

超プラス思考なので、レッドオレンジの人にマイナスの言葉やグチを言うのは避けたほうがよいでしょう。嫌なことがあっても相手は一晩寝ると忘れるので、こちらも引きずらないようにすることがおすすめです。
レッドオレンジの人には、否定せずに見守るスタンスでいるとうまくいきます。

レッドオレンジの人に効果的な言葉がけ

「早いね」「プラス思考だね」「元気で前向きだね」「みんなを引っ張っているね」

レッドオレンジの人に言ってはいけないNGワード

「遅いね」「それきっと無理だと思うよ」「もっと時間かけてゆっくりやろう」

レッドオレンジの人と関わるときのポイント：スピーディーな対応

話が通じやすい相手：イエローグリーン

話が伝わりにくい相手：ブルーグリーン

レッドオレンジの人が不安なときは…

本人はどうしてあげたらいい？

●止まらず楽しみながら前に進みましょう

●楽しくて元気な人に会いに行きましょう

まわりの人はどうしてあげたらいい？

●テンション高めのプラス発言で前向きに接しましょう

●「ここで終わらずに世界を見据えよう」と促しましょう

その他レッドオレンジにまつわること

レッドオレンジの有名人

間寛平、三木谷浩史、ジャニー喜多川、渡辺直美、菅野美穂、仲間由紀恵、友近、石田ゆり子、石田純一、手越祐也、ＩＳＳＡ、ゆりやんレトリィバァ

レッドオレンジの力を強化したいときにおすすめなのは…

- 食べもの：オレンジ・にんじん・かぼちゃ・柿
- カラーストーン：オレンジサファイア
- アロマオイル：レモン（スピードと自信を感じさせる香り）

オレンジ

自由に軽やかに吹き抜ける風のような人

オレンジの人の特徴

オレンジの人は、フットワークが軽く、何事にも左右されない、明るく楽しい人です。楽しいことが大好きで、自由かつ豊かな発想を持って、何にでもトライします。深く考え込むことなく、ゲーム感覚で楽しむことができるのも行動力がある理由です。

堅苦しい雰囲気が苦手で、気配りをしながらムードを盛り上げ、いつも仲間が笑っていることにしあわせを感じるので、まわりに人が集まってきます。

オレンジのキーワードは「フレンドリー」

- 行動、返事が早い
- 楽しい人だと思われたい
- 曖昧な状態がダメで、白黒つけるとスッキリする
- 距離感が近いほうが好き
- きちんと目を見て話してほしいタイプ
- 期間、数字に強い
- フレンドリーに動いて楽しむ
- すぐに結果を出したい
- 堅苦しい雰囲気が苦手
- 手先が器用な一面も
- 何でもゲーム感覚で楽しむ
- 細かいことにすぐ気がつき、好奇心も強い

オレンジの持つ意味と特徴＝表現力・プレゼン

キーワード：表現力　陽気　軽やか　明るい　楽しさ

オレンジは、陽気で自由なパワーをもたらすカラーです。

太陽の色でもあり、あたたかみも感じますよね。

オレンジを身につけていると、表現豊かに発信する力が湧いたり、一緒にいる相手に親近感を与えることもできます。

物事を楽しくポジティブに考えたいときには、オレンジがおすすめです。

自分もまわりも、軽やかな気持ちになれるでしょう。

〈恋愛〉堅苦しいのは苦手で、恋愛にちょっぴり奥手

オレンジの人の恋愛パターン

明るくおおらかな性格ですが、恋愛となると奥手で慎重派なオレンジ。友達以上恋人未満になりがちなのもこのタイプです。かしこまった場や、堅苦しい雰囲気がとにかく苦手ですから、デートは気軽に一緒に楽しめることを好みます。

奥手さんのオレンジは、「好き」という気持ちをストレートに表せない代わりに、時にはわざと意地悪して、相手の気を引こうとすることも。

また、ケンカをしたときには、真剣な話し合いの場から逃げたくなってしまう

ので、問題を先送りする傾向もあります。

損得や勝ち負けを意識する一面もあるタイプゆえ、恋愛でも駆け引きをします。別れを切り出される前に自分からフッてしまおうと思う人もいますよ。

オレンジの人との恋愛アドバイス

このタイプには、きちんと目を見て話してあげることがポイント。

本当にわかってほしい話をするときには、しっかり相手の目を見て、耳元でゆっくりわかるように伝えることが大切です。


何か行き違いがあったときにも、オブラートに包んだ言い方ではわかってもらえません。何が問題で、どうしてほしいのかをはっきり伝えるといいでしょう。

ぜひ裏表のない態度で接しましょう。

勝ち負けにこだわりのあるオレンジですから、ケンカしたときには、こちらが折れてあげるとあっさり仲直りして引きずりません。

オレンジの人との関係は、「軽やかさ」「楽しさ」が鍵です。

〈仕事〉頭の回転が速く、ここ一番の勝負強さが持ち味！

オレンジの人の仕事への取り組み方

長期戦は苦手で、いますぐに結果を出したいオレンジ。

頭の回転が速く、勝負強さは12色キャラのなかでも群を抜いています。

勝つか負けるか、自分にとって得なのか損なのか。

オレンジの人にとってはここが重要なポイントです。ただし、勝ち負けにこだわるあまり、意識しないと目的を見失ってしまうこともあります。


一方で、臨機応変に対応できて機転もきくため、突発的に何かが起こった場面でとても頼りになります。

また、成功パターンを真似して、オリジナルのものをつくりあげることができるのもオレンジの人の特徴ですから、この強みは活かしたいですね。

オレンジの人と仕事をするとき

頭の回転が速く、結果を出すことにこだわるオレンジの人には、その結果をきちんと言葉にしてほめることを心がけるのがポイントです。

また、長期にわたるプロジェクトよりも、短期間で結果を出せる目標を設定してあげたほうが、楽しんで取り組み、力を発揮します。

指示もざっくり「これをやっておいてね」と言うのではなく、すぐに行動できるように順序立てて説明すると効果的です。

得意ではないオレンジの人への対応策

●おしゃべり好きなので、もっと目を見て話をよく聞いてあげる

〈人間関係〉無邪気で人なつっこいので、どこへ行っても人気者！

オレンジの人の人間関係

オレンジの人は、老若男女関係なく、誰とでも明るくフランクなお付き合いができます。

無邪気で人なつっこく、気配り上手の人が多いため、気づけば自然とまわりに人が集まるのもこのタイプ。はつらつとして好奇心旺盛なオレンジの人間関係は軽やかです。

ただ、根っからの負けず嫌いを人間関係にも持ち込んでしまうと、せっかくの関係性にヒビが入ることも…。

Ｗｉｎ‐Ｗｉｎを重視する傾向もあるので、それをよしと思う人とはいい関係性を築けますが、なかにはビジネスライクに感じてしまう人もいるかもしれません。

オレンジの人と接するとき

無邪気なオレンジの人には、「○○さん、すごい！」と小さなことでも気づいてほめてあげると効果的。

堅苦しいのが苦手なので、フランクな間柄を好みます。でも、何かを伝えるときには、曖昧な言葉ではなく、問題点をはっきりストレートに伝えてあげましょう。ただし、落ち込みやすい一面もあるので、そんなときはそばにいて話を聞いてあげると◎。目を見てしっかり話すことがポイントです。

また、損得で考えがちなオレンジには、お得情報やメリットを伝えると喜ばれます。

オレンジの人に効果的な言葉がけ

「気さくな人だね」

「○○さんといると楽しい」

「器用だね」

返事をするときは、○「はいっ！」×「はいは～い」

子どもがなかなか動かないときは、「よーい、ドン！」

オレンジの人に言ってはいけないNGワード

「○○さんって、つまらないね」

「○○さんに負けてるよ！」

オレンジの人と関わるときのポイント：フレンドリーに対応

話が通じやすい相手：パープル

話が伝わりにくい相手：ブルー

オレンジの人が不安なときは…

本人はどうしたらいい？

● 自分もみんなも楽しめることをしましょう
● 結果として目に見えることに取り組みましょう

まわりの人はどうしてあげたらいい？

● 結果が出ていることに対して具体的に「〇〇をがんばっているね！」とほめましょう

その他オレンジにまつわること

オレンジの有名人

大野智、青山テルマ、名倉潤、新垣結衣、柳原可奈子、広瀬すず、浜崎あゆみ、小池栄子、市川海老蔵、長嶋茂雄、ウッチャン、前澤友作、有吉弘行

オレンジの力を強化したいときにおすすめなのは…

●食べもの：オレンジ・にんじん・かぼちゃ・柿
●カラーストーン：シトリン・トパーズ
●アロマオイル：オレンジ（心から楽しみ、陽気で活発に取り組める）

イエロー

どこまでも続く広大で聡明な空のような人

イエローの人の特徴

イエローの人は、知的好奇心にあふれ、自分自身を高める向上心を持った人です。澄みわたる空のように聡明で、いつも広い視野で物事をとらえ、情報やおしゃれに敏感。先駆けて新しいものを取り入れて、かっこよくスマートに生きることを望みます。

持ち前の知性と楽天性を活かして前進できるでしょう。

イエローのキーワードは「スマート」

- 新しいもの好き。世に広まり始めると、違うものを探したくなる
- すぐに行動したいタイプ（確認せず、すぐ便乗できてしまう）
- 自分の世界観を大切にする
- スタイリッシュ、おしゃれ、スリムな人が多い
- 話が長い一面も（語るのが好き）
- 弱みは見せない（その様は、まるで白鳥のよう）
- スマートにリーダーシップをとりたい
- 話し合いをしながら自分のペースをつくっていく
- メンツやプライド、立場にこだわる
- 情報収集に敏感
- 強引な対応は苦手
- 人前で注意されることを嫌う

イエローの持つ意味と特徴＝先見力・ビジョナリー

キーワード：先見力　希望　幸福感　未来　明るさ

イエローは、12色のなかでもっとも透明度が高く、明るくて聡明なカラーです。

イエローに触れていると、いつのまにか澄みわたった広い心になり、未来を照らす力を与えてもらえます。

明るさがありながらもさわやかな色なので、見ているだけで、晴れやかになったり、元気が出たりもしますね。

注意力や集中力をアップさせたいときにこの色を使うと、落ち着いて進めることができるでしょう。

〈恋愛〉スマートでクールに見えて、いつも気にかけてほしい

イエローの人の恋愛パターン

イエローの人は、一見スマートでクールに見えますが、じつは甘えん坊です。だからなのか、話をよく聞いてくれる気づかい上手な人が好きです。

プライドが高く、心が繊細な一面もあるので、相手の何気ない言動で傷ついていることもしばしば…。イエローのかっこつけたい気持ちを理解して、立ててあげることができる人とうまくいきやすいでしょう。

スマートに振る舞うことを重視するため、センスがよく、おしゃれな人が多いのもこのタイプ。

デートでは、新しいお店、流行っているレストランを好みます。クールなイエローですが、ドラマチックなシチュエーションに憧れる乙女チックな一面もありますよ。

イエローの人との恋愛アドバイス

おしゃれでスマートな立ち居振る舞いを好むため、イエローとお付き合いするには、そのあたりのセンスを磨くといいでしょう。

クールに見えますが、いつも気にかけてほしいと思っているイエロー。話をよく聞いてあげたり、気づかう言葉をかけてあげることで安心します。

話をすることが好きなので、お互いに興味のあることや、共通の趣味などを見つけて話題を振ると◎。

ケンカをしたときには、納得のいくまでよく話し合うことが大切です。

ドラマのような大恋愛に憧れるところがあるので、たまにはサプライズを用意したデートを計画してみるのもおすすめですよ。

〈仕事〉スマートにリーダーシップをとり、先手必勝を重視する

イエローの人の仕事への取り組み方

コツコツ続けていくよりも、スタートダッシュで勝負をかけていくイエロー。常に新しいことに取り組んでいたいという思いがあるため、誰も手がけたことがないことや、新しい分野には興味津々。張り切ります。

新しく、刺激的な環境下で仕事をするときには、持ち前の正義感と向上心で才能を発揮。ただ、飽きっぽいところもあるため、慣れてきた頃に投げ出さないように注意したいところです。

メンツや立場にこだわるイエローは、スマートなリーダーシップを目指します。

一方で、ミスをしたり、追い詰められたりすることにかなり弱い面も。こんなときに人前で注意されると、プライドが傷つき、落ち込んでしまいます。1対1で何が問題で、どうすればいいのかを伝えてもらえると、向上心が湧いてきます。

イエローの人と仕事をするとき

頼られることで力を発揮するイエロー。どんなに助かっているか、いかに戦力となっているかを伝えることで、仕事上のコミュニケーションもうまくいきます。

プライドが高く、傷つきやすい繊細さを持っているため、ミスをしたときにメンツを潰すような言動は避けましょう。

仕事をお願いするときは、「その仕事がどう役立ち、どんな結果になるのか」という目的と結果を伝えると、やる気がムクムク湧いてきますよ。

また、立場と役割を明確にしてあげたほうが、仕事がスムーズに運びます。

得意ではないイエローの人への対応策

●なぜこれをするのか、理由を含めて話す

〈人間関係〉もっとみんなに頼られたい！

イエローの人の人間関係

天真爛漫でまわりから慕われやすく、「みんなから頼られたい」と思っているイエロー。

シャイな性格のため、ほめられると「それほどでもないよ」と曖昧な返事をしてしまいますが、じつは内心ではニコニコです。

また、隠しごとなく何でも話せる関係性を好みます。

その分、コソコソしたり、ジメジメしたり、本音を言わないような環境では、ストレスがたまってしまいます。

コミュニケーションもマメにとるほうで、連絡は怠らないように心がけるタイプですから、マメな人とは相性がいいでしょう。

気配り上手でもあるので、その気づかいに気づいてもらえるひと言を喜びます。

ただ、プライドの高さがある分、まわりから見るとたいしたことのないような些細なことをごまかす傾向も。自分の弱みをオープンにさらせると、さらに人間関係がラクになるかもしれませんね。

イエローの人と接するとき

イエローの人は、メンツやプライド、立場にこだわる繊細さんタイプですから、とにかく人前で叱らないようにするのがポイントです。

また、話をよく聞いてあげて、強引に物事を進めないこと。一方的に進められることにストレスを感じるので、尊重することを心がけましょう。

連絡がないと気にしてしまうところもあるので、マメにコンタクトをとると安心します。

イエローの人に効果的な言葉がけ

「それ、最先端だね」
「いつもおしゃれだね」
「いろんな情報を知っているね」

イエローの人に言ってはいけないNGワード

（とくに人前で）
「かっこ悪いね」
「それ、似合ってないね」
「ありきたりだね」
「なんだ、普通じゃん」

イエローの人と関わるときのポイント：懇切丁寧な対応

話が通じやすい相手：ターコイズ

話が伝わりにくい相手：インディゴ

イエローの人が不安なときは・・・

本人はどうしたらいい？

- 先の見通しを立てるようにしましょう
- 最先端の情報をとりにいきましょう

まわりの人はどうしてあげたらいい？

- 話し相手になってあげましょう

その他イエローにまつわること

イエローの有名人

スティーブジョブズ、宇多田ヒカル、綾瀬はるか、上戸彩、柳井正、堂本剛、ビルゲイツ、松田聖子、中森明菜、矢沢永吉、江頭2：50、菜々緒、イモトアヤコ

イエローの力を強化したいときにおすすめなのは…

- 食べもの：バナナ・レモン・とうもろこし・たけのこ・パイナップル
- カラーストーン：イエロー（サファイア・ダイヤ）
- アロマオイル：フェンネル（希望を持ち積極的に取り組める香り）

イエローグリーン

まわりをホッとさせる 優しい花のような人

イエローグリーンの人の特徴

イエローグリーンの人は、愛情を持って、パートナーやそのまわりの人々を大切にする人です。人との関わりを大切に守り抜くことこそがしあわせにつながるという純粋な心の持ち主。ですから、いつも周囲を優しい目で注意深く見ています。

警戒心が強い一面もあるので、突拍子もないことや、計画性なく思い切ったことはしませんが、もともと好奇心は旺盛です。穏やかで愛らしく、まわりの人たちを笑顔にするので、周囲から愛されます。

イエローグリーンのキーワードは「ラブ」

●まわりに助けられるタイプ
●一緒にいる人たちの母性本能をくすぐる
●人のために一生懸命動きつつも、ちょっぴりわがままな一面も
●最初は警戒するが、慣れてくるとひと言多くなったりもする
●ピュアで、ウソと冗談の区別がつかないので、冗談を嫌う
●観察力に優れている
●何か集まりがあるときは、テーマよりも参加メンバーが誰なのかを気にする
●好奇心旺盛
●愛情を確認したいタイプ
●感情が素直に表に出やすい
●親しくなると大胆になってくる
●安心できる環境づくりをしたい

イエローグリーンの持つ意味と特徴＝観察力・ウォッチ

キーワード：　新鮮　優しさ　穏やかさ　純粋　女性性

イエローグリーンは、イエローの「明るさ」とグリーンの「平和」を併せ持つカラーです。この色を見ていると、人を受け入れ、優しく包む力を与えてもらえるので、イエローグリーンの空間に身を置いていると、そこにいる人たちが明るく平和な気持ちでいられる場になりやすいでしょう。

よりよい人間関係を築きたいときにおすすめの色でもあります。

イエローグリーンを身につけることで、優しく穏やかな気持ちを保つことができますよ。

〈恋愛〉恋の駆け引きは禁物！ ストレートな愛情表現を好む

イエローグリーンの人の恋愛パターン

イエローグリーンの人は、自分自身が自然体でいられる相手を好みます。どんなときにも安心感を必要とするタイプです。安心感のある人にべったり甘えたいという、かまってちゃんでもあります。

自分が好きな相手を恋人に選ぶよりも、自分を好きになってくれる人が恋人候補になりやすいのもイエローグリーンならでは。これも、相手に愛されていることで安心できるからです。

「恋の駆け引きを楽しむ」というタイプではないため、相手からはストレートな愛情表現で想いを伝えてもらうことを好みます。

そして、いったん愛されていると確信して安心できると、相手に対して、ややわがままになる傾向もあります。相手と深く関係を築けるのは素敵なことですが、わがままの言いすぎには注意したいところ。自分が自由に振る舞う分だけ相手のことも受け入れてあげるようにすると、バランスが整います。

イエローグリーンの人との恋愛アドバイス

このタイプの人には、まず安心させてあげることが一番です。

たとえば、頻繁にメールをしたり、電話をかけたり、直接会ったりして、不安感を取り除いてあげましょう。「いつかこうなりたいね」といった未来の話をすることもおすすめです。相手が安心できるので、仲が深まりますよ。


また、イエローグリーンの人に恋愛で駆け引きするのはもってのほか。警戒心を抱かせてしまうので、うまくいかなくなります。

気持ちをストレートに伝えるほうが響くでしょう。

〈仕事〉誠実で真面目。リーダーよりもサポート役に向く

イエローグリーンの人の仕事への取り組み方

イエローグリーンの人は、誠実で真面目に仕事に取り組むので、どちらかといえば、リーダーより人のサポート役に向いています。

恋愛と同じく、ビジネスでも相手と駆け引きをすることは苦手です。

いつでも自分のことを気にかけていてほしい気持ちが強いので、12色キャラのなかでも、「自分は必要な存在なんだ」と感じて安心感を得たい願望を持っています。

また、人を育てることを得意としています。

とくに、1対1で部下や後輩を指導することに長けているので、お世話をしてもらった人からの人望は厚いでしょう。

イエローグリーンの人と仕事をするとき

やるべきことや方法をしっかり伝えてもらい、自分で把握できると、イエローグリーンは誠実に仕事に取り組みます。さらに、「あなただからできる仕事だよ」と言われると、使命感を持って力を尽くすので、頼もしく、プロジェクトがスムーズに運びます。

ただ、仕事を依頼するときに威圧的な態度で接すると、萎縮してしまうので要注意。頼んだ仕事について、「順調に進んでいる?」と、気にかけることで安心します。後輩の面倒見がいいので、指導役を任せるといいかもしれません。

得意ではないイエローグリーンの人への対応策

●愛情表現を感じたいので、もっとそばにいてあげるようにする

〈人間関係〉警戒心が強いが、仲間内では人なつっこい

イエローグリーンの人の人間関係

人とのよりよい関係性こそが大切だと思っているイエローグリーン。その一方で、とくにはじめは警戒心が強く、人に対して臆病な面があるため、初対面の相手には自分をさらけ出すことをしません。

かわいらしくニコニコしながらも、相手がどんな人なのかをよく観察しています。ただし、共通点を見つけて距離が縮まると、あっという間に仲良くなり、仲間内では人なつっこく、まわりの人を大切にします。

慣れて親しい間柄になると、パートナーに対してと同様、ややわがままを言っ

たり、ひと言多くなったりするタイプです。

イエローグリーンの人と接するとき

あまり親しくないうちは、いきなり相手の領域に入ろうとするのは避けましょう。徐々に距離を縮めていき、警戒心を解いていくように心がけてください。大きな声で唐突に話しかけたりもしないこと。ぶしつけであったり、少々乱暴であったり…という態度を嫌います。

また、とてもピュアな人でもあるため、ウソや冗談は通じません。一度「この人はちょっと…」と思われると、自分のテリトリーに入れようとはしなくなるので、仲良くなりたいからといって、冗談でウソを言って逆に嫌がられないようにしたいですね。

イエローグリーンの人には、気持ちの込もった「あなただけだよ」という言葉が効果的です。

イエローグリーン

イエローグリーンの人に効果的な言葉がけ

「かわいいね」
「○○さんといると安心するな」
「○○さんのことは信頼できる」
「愛してるよ」
「○○さんだから声をかけたんだ」

イエローグリーンの人に言ってはいけないNGワード

「これって□□なんだって！……ウソだよ～（笑）」
「○○さんって、□□だよね～」（親しくないうちから決めつける）
大声で威圧的な言葉がけはＮＧ

イエローグリーンの人と関わるときのポイント：わかりやすく愛情表現する

話が通じやすい相手：マゼンタ

話が伝わりにくい相手：レッドオレンジ

イエローグリーンの人が不安なときは・・・

本人はどうしたらいい？

● 信頼できる人のそばにいくようにしましょう
● 新しい情報を取り入れながら、人との距離感を保ちましょう

まわりの人はどうしてあげたらいい？

● 「大丈夫だよ」と励ましましょう
● 「愛しているよ」と伝えましょう
● 「何かあったらすぐ言ってね」と声をかけましょう

その他イエローグリーンにまつわること

イエローグリーンの有名人

岡田准一、深田恭子、安室奈美恵、松岡修造、指原莉乃、綾香、平愛梨、木村文乃、山里亮太、香川照之、森泉、橋本マナミ、安倍元総理

イエローグリーンの力を強化したいときにおすすめなのは…

- 食べもの：野菜類・豆類
- カラーストーン：ローズクォーツ・ペリドット・ピンクサファイア
- アロマオイル：マンダリン（穏やかで優しくかわいらしい印象の香り）

グリーン

森を守り、天に向かってまっすぐ伸びる大樹のような人

グリーンの人の特徴

なんといっても和を尊び、自然のサイクルを大切にする人です。

何が起きてもどっしりとかまえ、日々心穏やかに過ごすことを望んでいる平和主義者。関わった人は自分の大切な仲間だととらえ、みんながしあわせになるためにはどうすればよいかを常に考えています。助け合い、ゆっくりと根を張っていける居場所があることで、気持ちが安定し、心のバランスが保たれます。共存共栄できる環境をつくっていくことを意識すると、しあわせ度がどんどん増していきますよ。

グリーンのキーワードは「ヒューマン」

- 興味のあることを徹底的に調べる探究心あり
- 人のことをよく見ている
- 「誰が何を言ってどうなるのか」というプロセスが気になる
- 状況を落ち着かせる力がある
- 客観的に物事を判断しようとする
- 相談されるととても喜ぶ一面も
- 情報収集家
- 平和、人間愛を大切にする
- みんなで助け合うのが当たり前だと思っている
- シミュレーションすることが得意
- 「和」を乱すことをもっとも嫌う
- 信頼する相手に対しては、グチやぼやきが多くなる

グリーンの持つ意味と特徴＝安定力・ハーモニー

キーワード：安定力　休息　癒し　リラックス　調和

グリーンは、中和・中立を象徴するカラーです。

平和と安定を呼び、心や身体を落ち着かせてくれます。

たとえば会議室に観葉植物があると、それだけで部屋の雰囲気がよくなるように、その場にいる人や空気を穏やかにしたいときにはとてもおすすめです。

疲れたときにグリーンに触れることで、ゆったりと休息することもできます。

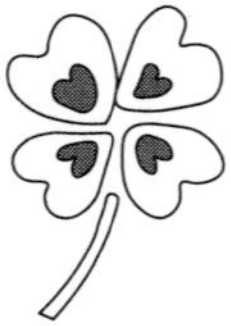

〈恋愛〉受け身で寂しがり屋

グリーンの人の恋愛パターン

恋愛には受け身で、相手に引っ張っていってもらいたいと思っているグリーン。まずは友人から関係性を築き、ゆっくりと愛を育むのがいいでしょう。

いつも「自分のことを気にかけていてほしい」という願望があるので、じつは12色キャラのなかで一番の寂しがり屋さんです。ひとりぼっちになることが苦手で、いつも誰かと一緒にいることを好むのは、グリーンならではかもしれません。

その一方で、人の好き嫌いが激しい面もあります。苦手な人の場合は、一気に距離を縮めるのは難しいでしょう。

ただ、もともとは和を大切にするタイプですから、恋人以外の周囲の人たちとも良好な関係を築くことができます。

相手の家族にも自然に溶け込み、あっという間に良好な関係を築けるでしょう。

グリーンの人との恋愛アドバイス

グリーンの人は、基本的に寂しがり屋なので、そばにいてよく話を聞いてあげるのが一番です。誰かと一緒にいることが大好きなので、そばにいられないときでも、連絡をマメにして、「あなたを気にかけているよ」と安心させてあげましょう。


また、和と協調性を重んじるタイプなので、約束したことや、デートの時間はきちんと守ります。時間前に来て相手を待っているのもグリーンの人の特徴です。

関わっている人たちを大事にするので、こちら側も相手の家族や友達へ気配りすることを忘れずに。この点をおろそかにしなければ、いい関係を築けますよ。

〈仕事〉和を乱すことを嫌い、チームワークで力を発揮する

グリーンの人の仕事への取り組み方

チームで行う仕事や、組織のなかで力を発揮するタイプです。

仲間やチームワークを大切にするからこそ、勝手な判断をしたり、和を乱すことを嫌います。

グリーンは、計画を立てて実行することも得意です。何かを始める前には、しっかり計画を立ててから取り組むと、達成感も得られてやる気も出ます。

指示されたことはきちんと遂行するため、仲間やチームのメンバーからも頼りにされていることでしょう。

じつは、抜群の情報収集能力があるため、積極的に情報収集の役割を担うと評価されやすいですね。「あの人に聞けばわかる」という場面が、日常でも多くあるはずです。

グリーンの人と仕事をするとき

受け身ではあるものの、仕事の目的や目標を持たせると張り切るタイプ。仕事をお願いするときには、目的や目標を伝えてあげるとがんばります。

自分で計画を立てたほうが着実に達成するので、週はじめや月はじめのタイミングなどで仕事の計画を立てるルールを設けるのがいいでしょう。

人から頼りにされることに喜びを感じるので、ひと言声をかけるとやる気倍増！「みんなで」という協調性を重視した言葉でお願いすると、よりがんばってくれますよ。

得意ではないグリーンの人への対応策

●和を重んじるので、場を乱さないように注意する

〈人間関係〉協調性があり、誰とでも仲良くなれる！

グリーンの人の人間関係

グリーンの人は、協調性があり「関わる人の力になろう」とする傾向がありま す。自分のまわりの人との人間関係を大切にしており、誰とでも分け隔てなく良好な関係を築けるのも特徴です。

頼りにされると、誰かの役に立っている喜びを感じる分、親身になってアドバイスをします。

また、モラルを大切にする常識人でもあります。社会的に、客観的に物事を判断して意見を言えるため、人の相談に乗るのが得意です。

寂しがり屋さんなので、広い人脈を持っていますが、基本は1対1で話をすることを好みます。

グリーンの人と接するとき

「和」を乱すことを嫌うので、決して誰かを仲間はずれにしたりはしません。

もちろん自分が寂しがり屋さんということも影響していますが、ひとりぼっちの人を見過ごせないタイプです。グリーンの人が誰かを気にかけている場面に遭遇したら、ねぎらいの言葉をかけてあげてください。

約束はきちんと守るタイプなので、誰にも言わないでほしいような相談にも乗ってもらいやすいでしょう。

情報収集家なので、おもしろそうなことがあったら、教えてあげるのも◎。

信頼関係を築くきっかけにもなりますよ。

グリーンの人に効果的な言葉がけ

「よく知ってるよね〜!」

「みんなのことを考えているね」
「みんな『○○さんのことを好き』って言ってたよ」
「みんながやっているよ」

グリーンの人に言ってはいけないNGワード
「そんなことも知らないの？」
「みんな知っているよ」
「あ、あなたに言うのを忘れちゃった」

グリーンの人と関わるときのポイント：疎外感を感じさせない対応（かならず声をかけてあげる、仲間はずれにしない）

話が通じやすい相手：ブルーグリーン

話が伝わりにくい相手：パープル

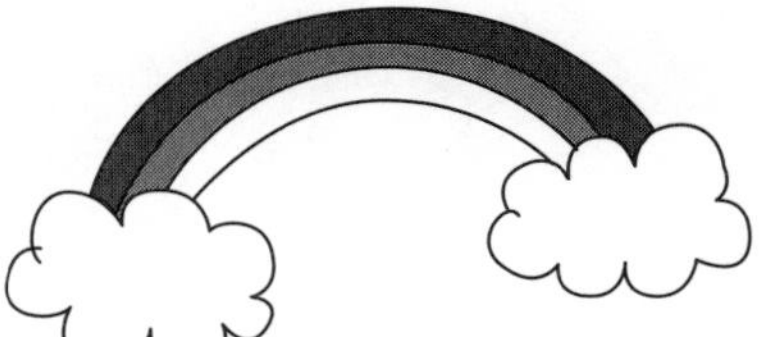

グリーンの人が不安なときは・・・

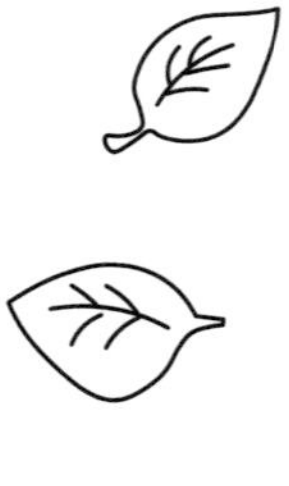

本人はどうしたらいい？

●不安な気持ちを、誰かに聞いてもらいましょう

●不安を口に出したあとに、自分の主観と客観的な部分を分けて整理するようにしましょう

まわりの人はどうしてあげたらいい？

●いったん話を聞いてあげてから「でも大丈夫だよね」とゴールを示してあげましょう

●「たくさん情報を得たら大丈夫だよ」と安心させてあげましょう

その他グリーンにまつわること

グリーンの有名人

ヒロミ、北川景子、長澤まさみ、雛形あきこ、松たか子、水トアナ、西野カナ、高橋克典、東山紀之、大谷翔平、長渕剛、唐沢寿明、小栗旬、市原隼人、ジョニー・デップ、ダルビッシュ有、志村けん、松坂大輔、斎藤佑樹

グリーンの力を強化したいときにおすすめなのは…

- 食べもの：ほうれん草・パセリ・ニラ・春菊・メロン
- カラーストーン：エメラルド・グリーンガーネット・翡翠
- アロマオイル：イランイラン（魅力を引き出し、人とのつながりを深める香り）

ブルーグリーン

自分のペースを基軸にゆったりと自転する、地球のような人

ブルーグリーンの人の特徴

ブルーグリーンの人は、ゆっくりと歩みを止めることなく、バランスを考えながらマイペースに進んでいく人です。

何事にも慌てず騒がず、自分のリズムを基軸に、納得できるまで取り組む力を持っています。まわりから見ると、時にはスピードが遅く感じることもありますが、大らかにすべてを受け入れ、周囲とのバランスを保ちながら、自分のペースで動き続けるので、どんな長い道のりでも責任を果たすことができます。

全体像をとらえ、ペース配分を意識して得意なことに力を入れると、いろいろなことがうまくいくタイプです。

ブルーグリーンのキーワードは「バランス」

- いったん付き合ったらとことん付き合う
- 平等な対応（老若男女）で、性格や態度に裏表がない
- 決断したうえで始めるとずっと取り組むので、急な方向転換は×
- 自由、平等、博愛主義の心を持っている
- 悠然とした雰囲気
- 全体像がつかめないとダメ
- 納得してから行動するため、決めたら徹底的に取り組む
- マイペースで基本に忠実なところがある
- 面倒見のよい親分肌
- 思い込みが強い一面も
- あまりおだてには乗らない

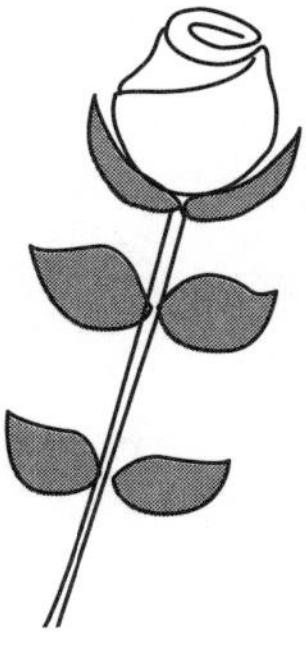

ブルーグリーンの持つ意味と特徴＝バランス力・フラット

キーワード：バランス力　自己認識　博愛　忍耐力　平等　信念

ブルーグリーンは、ブルーの静寂とグリーンの平和を併せ持つカラーです。

ブルーグリーンのある場は、まわりとのバランスをとりながらも、自分のペースを守れるような空間になるので、静かな気持ちで和を大切にしたいときにはおすすめです。

自分自身の心身のバランスをとりたいとき、じっくりと考えて大切な決断をしたいときにもこの色を身につけるといいでしょう。

フラットな気持ちで決意を固めることができますよ。

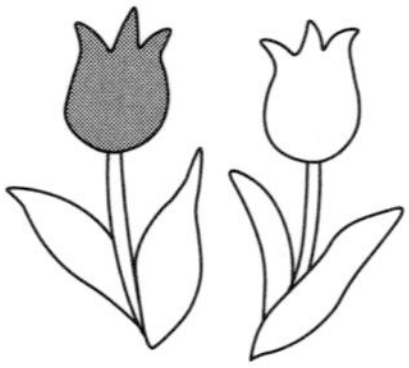

〈恋愛〉世話焼きの姉御肌、でもじつは甘えん坊

ブルーグリーンの人の恋愛パターン

ブルーグリーンの人は、面倒見のよい姉御肌な気質を持ち合わせているので、相手にあれこれ世話を焼くのが好きです。そのため、相手の喜ぶことはなんでもしてあげようと、マメに尽くします。デートプランを立てるときでも、相手の趣味や好みをリサーチし、相手が喜ぶようなプランを考えようとするタイプです。

なかなか自分の気持ちを素直に表現できないところもありますが、無意識のうちにパートナーよりも自分が優位に立ちたがる一面も。

どっしりとかまえている一方で、じつは甘えん坊タイプでもあります。誠実で頭の回転が速い人を好きになりやすい傾向も。また、マイペースな部分もあるので、パートナーとの時間も大切にしつつ、自分だけの空間も確保できるような環境なら、長続きしやすいでしょう。

ブルーグリーンの人との恋愛アドバイス

ブルーグリーンの人は、頼られると喜びます。デートプランや食事のお店選びも、2回に1回はお任せしてお願いしてみると、張り切って考えてくれますよ。

基本的に誰にでも平等な対応をする裏表のない人なので、上から目線でものを言われたり、無神経な言動をするのはNGです。

ブルーグリーンの人と一緒にいるときは、聞き役を心がけると◎。とくに、意見に賛同してあげると喜びます。

甘えん坊な面もある分、会えないときにはマメに連絡をしてあげると安心するので、いい関係を築きやすくなるでしょう。

〈仕事〉やると決めるまでは慎重。やると決めたら徹底的にやる！

ブルーグリーンの人の仕事への取り組み方

行動するまでの決断には慎重で、時間がかかりますが、一度決めたらかならずやり遂げるため、誠実で周囲からの信頼は厚いタイプです。

また、いったん着手すると粘り強さを発揮し、失敗しても諦めずに何度でも挑戦します。ブルーグリーンの人がいると、とても頼もしいチームになるでしょう。

ただ、自分で決めて自分で動くタイプのため、人から指図されるような言い方は苦手です。誰かの下で仕事をするよりも、リーダーシップを発揮する役割のほうが向いているといえます。大らかに物事をとらえる力があり、バランス感覚にも優れているので、チームでの仕事に力を発揮しやすいのです。

ブルーグリーンの人と仕事をするとき

ブルーグリーンの人に仕事の指示を出す場合は、まずどういう全体像なのかを伝えて把握してもらい、そのうえで必要な情報を伝え続けましょう。そうすると、自分が何をすべきかがわかるので、やる気を持って取り組んでもらえます。段取りを重視するので「いつまでにほしい」と期限を伝えることは必須です。

また、誰にでも対等で裏表のない態度をとる分、不平等な扱いを受けたり、ぞんざいなものの言い方をされることを嫌がります。

企画会議の場などで発言してもらうときには、意見に対して頭ごなしに否定をせず、耳を傾けるようにしてあげてください。

得意ではないブルーグリーンの人への対応策

●バランスを大切にする人なので、プライベートと仕事をきっちり分ける

〈人間関係〉全体を俯瞰し、核心をついたひと言をズバリ言う

ブルーグリーンの人の人間関係

誰に対しても分け隔てなく平等な博愛主義者です。

俯瞰して物事を見る目を持っているので、何か仲間内で揉め事があっても、誰かの肩を持つのではなく、その場全員の意見を聞いて判断することができます。場を取りまとめる機会が増えると、仕事だけでなく、仲間内でもリーダーとしての役割を任されることも。

笑顔で核心をついたひと言を言うので、まわりをドキッとさせるという場面も

あるかもしれません。それだけ、ブルーグリーンの人は、冷静に周囲を見ているということなのです。まだ関係を深く築けていない場合には、毒舌になりすぎないよう注意したいですね。

12色キャラのなかでもっとも意思決定が遅いのも、全体を俯瞰し、しっかり一つひとつのことを考えて判断している証拠です。ペースが合わない人と一緒にいるとストレスを感じるので、人間関係を自分で選べる場合には、ペースが合っている人たちと過ごすのがよいでしょう。

ブルーグリーンの人と接するとき

ブルーグリーンの人は、とにかくじっくり考えるタイプです。その特性を理解して、変に急かしたりせずに、ペースを合わせてあげるとうまくいきます。

お世辞やゴマスリは効果がないので、やめておきましょう。

何かを伝えるときは、正面からストレートに伝えるのが一番です。

また、人に話して解決するタイプではないため、悩んでいるときは、放っておくのがベスト。どうしても話を聞いてほしいときには、自分から声をかけてくるはずです。頼まれていないのに、よかれと思って世話を焼きすぎないようにしてあげてくださいね。

ペースを乱さず、尊重してあげられる人とうまくいきます。

ブルーグリーンの人に効果的な言葉がけ

「仲間と一緒にがんばろうね！」

「結果が出るまでとことん付き合うよ！」

「いつも平等で、的確に判断しているね」


ブルーグリーンの人に言ってはいけないNGワード

「とりあえずやってみよう」

「急いでくれない？」

「動きが遅いよね」

ブルーグリーンの人と関わるときのポイント：平等を意識して対応することを心がける

話が通じやすい相手：レッドオレンジ

話が伝わりにくい相手：グリーン

ブルーグリーンの人が不安なときは…

本人はどうしたらいい？

●不安要素を徹底的に解明し、落ち着いて対処しましょう

まわりの人はどうしてあげたらいい？

●「きっちりしていて、頼りになるね」と励ましの声をかけてあげましょう

その他ブルーグリーンにまつわること

ブルーグリーンの有名人

福山雅治、飯島直子、江口洋介、郷ひろみ、秋元康、タモリ、明石家さんま、みのもんた、高畑充希、桑田佳祐、中谷美紀、上野樹里、梨花、波瑠、中村アン

ブルーグリーンの力を強化したいときにおすすめなのは…

- 食べもの：ほうれん草・パセリ・ニラ・春菊・メロン
- カラーストーン：翡翠・マラカイト・グリーンクォーツ
- アロマオイル：シダーウッド（安定と調和の香り）

ターコイズ

独自の世界と新鮮なアイデアが湧き出る泉のような人

ターコイズの人の特徴

ターコイズの人は、途絶えることなく湧き出る泉のように、独創的な発想を生み出す人です。自分の道を開拓しながら、ひとりでも生きる力を持ち合わせています。深い洞察力で周囲を見て、自分にしかできないことを探し、自分らしい生き方を好みます。

他人の考え方や常識に縛られないので、芯を持って常に行動する自主性の高さがあるのも特徴です。時にはまわりの声に耳を傾け、共感・協調することに意識を向けると、さらによいアイデアが生まれるでしょう。

ターコイズのキーワードは「オリジナル」

- 「変わり者」と言われることに喜びを感じる
- 人に相談しない、自己解決・自己完結タイプ
- 人と境界線を引く傾向があり、縄ばり意識を強く持っている
- 自分のペースを乱されるのが苦手
- 初志貫徹、とことん極めるのが好き
- 人と同じものを好まず、人が興味を持たないものに注目する
- 自分にしかできないオンリーワンを目指す
- 自己流の取り組み方にこだわる
- 自分が納得するまで、とことん考える
- 考えることが苦にならない
- ひとりだけの時間と空間が好き
- 臨機応変な対応をするのは少々苦手な一面も

ターコイズの持つ意味と特徴＝独立力・フリー

キーワード：　独立力　クリエイティブ　自分らしさ　浄化　さわやかさ

美しい島の海のように鮮やかなターコイズは、独創性を高めるカラーです。その色合いに触れているだけで、心が広がり、新しい発想へと導いてもらえます。ターコイズのある空間では、その場にいる人々が浄化され、さわやかな気持ちになることができます。

また、新しいアイデアを生み出したいとき、自分らしい独創性を出したいとき、クリエイティブ性を発揮したいというときにターコイズを身につけるのも、とてもおすすめです。

〈恋愛〉付き合っていてもひとりの時間を大切にする

ターコイズの人の恋愛パターン

ひとりの時間を大切にするターコイズの人は、サバサバしていて、パートナーとベタベタしすぎる関係を窮屈に感じてしまいます。もちろん、束縛をするのはもってのほか。干渉されることも好みません。ただし、じっくり決断し、いざお付き合いすると決めたなら、誠心誠意、相手と向き合う心優しい人でもあります。パートナーとなる人に対しては、一途で愛情深いのも特徴的です。

自分のペースを乱されるのを嫌がり、自分の時間はしっかり持ちたいタイプなので、バランスのいい関係を築くためにも、パートナーとの間で価値観のすり合わせをすることが必要です。

コミュニケーション面で言えば、言葉足らずで唐突に話し出したりするので、相手に真意が伝わりにくい面もありますが、核心を突いた言葉をズバッと言ってくることも。言葉を尽くす努力をすると、相手とうまくいきやすくなります。

ターコイズの人との恋愛アドバイス

なんといっても自分の時間を大切にしたいターコイズなので、そのペースを尊重してあげることが大切です。

たとえば、ターコイズの人とデートを計画するなら、同じ空間にいても、ひとりの世界に入れるデートがおすすめ。美術館や博物館、定番の映画館で映画鑑賞をするのもいいですね。

オリジナルにこだわり、独自の世界観を持っているため、それを理解してあげることが、ターコイズの人との距離を縮めるポイントです。

また、あまり人に相談しないので、自分の意見にケチをつけられることを嫌がります。こういったことに気をつければ、長いお付き合いができるはずです。

〈仕事〉独創的で探究心旺盛。オリジナリティを重視する

ターコイズの人の仕事への取り組み方

ターコイズの人は、結果よりプロセスを大切にするタイプ。だからこそ結果が出るまでの過程でも、報告・連絡・相談をきっちり行います。「変わり者」と言われることに喜びを感じ、「オリジナリティ」を重視するタイプなので、誰も取り組んだことのないことに魅力を感じる傾向があります。

チームよりもひとりで淡々とこなす仕事が向いていますが、独創的で探究心旺盛なので、企画会議の場では、ほかの人では思いつかないようなアイデアが出て

くる可能性も大です。とはいえ、新しいものにすぐに飛びつくのではなく、熟考を重ねて戦略を練るのがターコイズの人の取り組み方の特徴でもあります。時間をかけて飛び出すオンリーワンのアイデアは、周囲を驚かせてくれます。

ターコイズの人と仕事をするとき

オリジナルにこだわりたいターコイズの人には、型通りの方法やマニュアルを強要せず、独自の方法を認めてあげると◎。

マニュアルがあって、どうしてもその通りにしなくては危険ということ以外は、あまり口出しせずに、ある程度好きなように進めさせてあげましょう。

ただし、こちら側も報告・連絡・相談をマメに行うことは忘れずに。

また、TPOに合わせたお店をよく知っているので、場所をセッティングする際には、ターコイズの人に聞いてみるといいかもしれませんね。

得意ではないターコイズの人への対応策

●こだわりを否定しない

〈人間関係〉周囲に何を言われても自分を貫く初志貫徹型！

ターコイズの人の人間関係

まわりに自分のペースを乱されたくない分、周囲に何を言われても自分を貫くという特徴があります。

人との境界線を明確に持っているので、いつもみんなと一緒よりも、マイペースにひとりで行動することも多くなりがちです。また、ひとりでの時間を寂しいと思ったりせず、自分の時間をきちんと大切にします。

自分自身も個性を大事にするので、周囲のさまざまな意見も受け入れる柔軟性も持っています。ただし、意見を押しつけられたり、主導権を握られるのは好きではありません。

ターコイズの人と接するとき

自分のペースを貫くターコイズの人に対しては、なるべく急がせたりせず、じっくり待ってあげることが大切です。

たとえば、仲間内で意見の食い違いがあったときには、ターコイズの人の意見が出るのを待ってあげて、意見を立てながら、こちら側の主張もしてみましょう。

基本的に、まわりの目に左右されず、独創的なオリジナルにこだわるため、みんなと違うところをほめるととても喜びます。

加えて、スピード重視の決断が必要な場合は別ですが、何か物事を決める際には、仕事でもプライベートでも、周囲が勝手に決めてしまわないようにしましょう。ターコイズの人のペースを確認しながら進めることで、スムーズに事が運ぶようになりますよ。

ターコイズの人に効果的な言葉がけ

「オリジナリティがあるね」
「あなたのペースで進めていいよ」
「好きなようにやってみて」
「オンリーワンだよね」

ターコイズの人に言ってはいけないNGワード

「これって、ほかの人の真似のようだね」
「基本通りにやってくれないかな」
「急いでほしいんだけど」
「まわりに合わせてほしいんだよね」

ターコイズの人と関わるときのポイント：独創性を尊重する

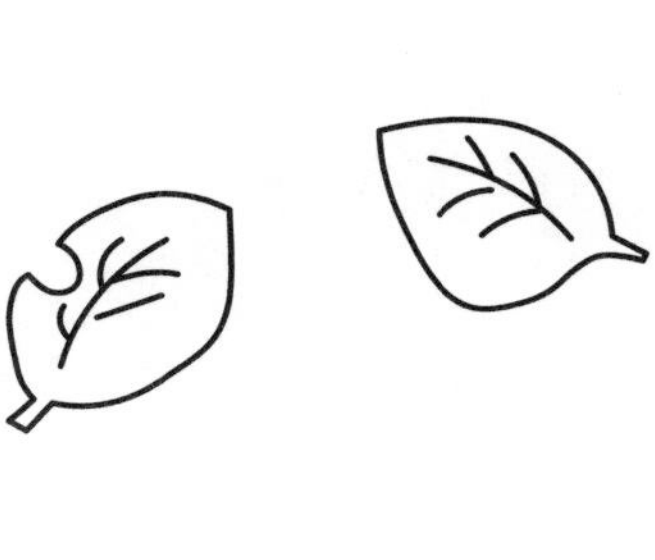

話が通じやすい相手：レッド

話が伝わりにくい相手：イエロー

ターコイズの人が不安なときは・・・

本人はどうしたらいい？

- 自分ひとりの居場所を確保しましょう
- 新たな情報を得つつ、自分のオリジナルをつくりましょう
- 不安をそのままにしておかず、動いて対策を練りましょう

まわりの人はどうしてあげたらいい？

- 状況を把握したうえで、「大丈夫だよ」と声をかけましょう
- 不安に対して、順序立てて解決策を示してあげましょう

その他ターコイズにまつわること

ターコイズの有名人

尾崎豊、ベッキー、ホリエモン、浅田真央、近藤春菜、松嶋菜々子、中島みゆき、石橋貴明、野村克也、なかやまきんに君、滝沢カレン、香取慎吾、杏

ターコイズの力を強化したいときにおすすめなのは…

- 食べもの：ほうれん草・パセリ・ニラ・春菊・メロン
- カラーストーン：トルコ石・ブルートルマリン・アパタイト
- アロマオイル：ジュニパー（目標に向かって独自の方法で進む強さをサポート）

ブルー

人の心を包み込み、優しくひっそり輝く月のような人

ブルーの人の特徴

ブルーの人は、一人ひとりを大切にしながらじっくりと向き合い、まわりの役に立つことに喜びを感じる人です。常に周囲を静観しているその存在が、安心感を与えます。心のつながりを大切にし、誰とでも気さくに付き合うことができる天性の社交家です。真面目で、大事なものは守り抜くという責任感も持ち合わせています。

行き慣れたお気に入りの場所で、ゆっくり過ごすことを好む傾向も。

経験の幅と視野を広げることを意識すると、うまくいくタイプです。

ブルーのキーワードは「コミュニケーション」

- コミュニケーションを相手に合わせられる
- 役割を与えたほうがうまくいく
- 無神経で気が利かない人が苦手な一面も
- 柔軟性が高く、社交力がある
- 自分の出番待ちをする
- 役割分担するのが好き
- 何事にも経験と実績を重んじる
- 上下関係を大切にする
- 粘り強さや意志の強さがある
- 根拠のない自信を持っている
- 感じのいい返事をする

ブルーの持つ意味と特徴＝コミュニケーション・会話力

キーワード：伝達力　会話力　責任感　信頼　誠実

ブルーは、誠実なカラーです。

知的で信頼できる印象を、相手に与える力があります。

落ち着きたいとき、冷静に向き合いたいときには、空間や服などにブルーを取り入れるといいでしょう。場が整います。

コミュニケーションを表す色でもあるので、まわりの人にわかりやすく想いを伝えたいときにもおすすめ。安心感を与えてくれるので、リラックスしてより深い話ができるよう、サポートしてくれるでしょう。

〈恋愛〉相手からのアプローチをひたすら待ち続ける

ブルーの人の恋愛パターン

ブルーの人の恋愛は、どちらかというと受け身の傾向があります。自分から積極的にアプローチするということはほとんどありません。大切なのは、自分が好きかどうかより、「好きになってくれるかどうか」。受け身で奥手なために、想いをストレートに自分から伝えることは難しく、「相手から言ってくれないかな」と待つばかりです。

忘れっぽくて、おっちょこちょいな面があるので、ケンカしても引きずらないという一面も。普段からあまり本音を言わない分、一緒にいるパートナーは不安になってしまうかもしれませんが、じつは結婚願望が強く、温かく長く続く関係を好むため、好きになったら一途に相手を想い続けます。

ブルーの人との恋愛アドバイス

12色キャラのなかで、一番相手に合わせるのがうまいのがブルーの人です。基本的に受け身なため、パートナーがリードしてあげたほうがうまくいくでしょう。

デートの場所や食事するお店を決めるときにも、「どこがいい？」「何がしたい？」と聞くより、「○○へ行こうと思うけどどうかな？」「○○と□□ならどちらがいいと思う？」と具体的に提案するのがおすすめです。

恋の駆け引きは必要ありません。それよりも、ブルーの人の話をよく聞いてあげて、安心感を与えてあげたほうがいい関係を築けるでしょう。

〈仕事〉ひとつのことに誠実にコツコツ取り組む堅実家

ブルーの人の仕事への取り組み方

依頼された仕事を誠実にこなし、コツコツと堅実に取り組みます。

経験、実績、伝統を重視し、ひとつのことに時間をかけて、腕を磨きたいと思う研究肌タイプです。仕事のうえでは、粘り強い駆け引きを発揮できます。

ひとつのことに時間をかけて取り組むのが得意なため、黙々と実績を積み重ねることで、周囲からも評価されます。


後輩の面倒見がよいので、じつは後輩からも慕われ、頼りにされています。

上下関係を大切にする堅実派である分、目上の人に対してもしっかり接することができ、後輩だけでなく上司からも好かれるタイプといえます。

また、頼られると目一杯努力するので、役割を与えられると、張り切って進めるがんばり屋さんです。

ブルーの人と仕事をするとき

ブルーの人は、経験や実績を大切にするタイプ。ですから、なんでも経験し、実績をつくれる環境を用意してあげると、能力を発揮してくれるでしょう。

その仕事の必要性を理解できると、よりがんばろうと努力します。

粘り強くやり遂げる力を持っていますが、忘れっぽいところがあるので、約束や期限などの確認は必要です。リマインド機能を使ったり、チーム内で事前に声をかけたり、フォローを入れてあげると、しっかり取り組んでくれますよ。

得意ではないブルーの人への対応策

●即断即決を促さないようにする

〈人間関係〉聞き上手な天性の社交家

ブルーの人の人間関係

ブルーの人は、恋愛では受け身ですが、人間関係全般においては、コミュニケーション力の高い社交家です。愛嬌があるため、多くの人から愛され、とくに年上の人たちからかわいがられる傾向にあります。

また、人脈と信用を大切にするのも特徴のひとつ。

聞き上手で話し好きな面があり、相手に合わせられるというのも柔軟性が高い証拠でしょう。

ただし、相手の意見を尊重するがゆえ、あっちに合わせたり、こっちに合わせたりしているように見えて、周囲から八方美人と思われてしまうことも。

それでも、本人はあまり長く落ち込んだりしないので、いつまでも引きずらずに割り切ってしまうこともできます。

ブルーの人と接するとき

ブルーの人は、柔軟性が高く、社交的。こちらが無神経な言動をしなければ大きなトラブルには発展しません。基本的に受け身なので、こちらが話しすぎないように、ブルーの人の話を聞いてあげることを意識しましょう。

話す・聞くのバランスを考えるといいですね。

「○○さんがほめていたよ」「□□について、みんな喜んでいたよ」などのように、ほめ言葉はストレートに伝えるよりも、遠回しな言い方のほうが受け取りやすいでしょう。

ブルーの人に効果的な言葉がけ

「いてくれて安心するよ」

「みんながあなたのことを頼りにしているよ」

「みんなと仲良しだね」

「TPOに合わせられるよね」

ブルーの人に言ってはいけないNGワード

「それ、みんなが嫌がってるよ」

「自分ひとりで決めてね」

「空気が読めないよね」

「誰にでもいい顔をするよね」

ブルーの人と関わるときのポイント：できるだけ役割を与えてあげる

話が通じやすい相手：オレンジ

話が伝わりにくい相手：レッド

ブルーの人が不安なときは…

本人はどうしたらいい？

- 新しいことをするときは、ひとりではなく、ほかの人と一緒に行いましょう
- 積極的に周囲の人とつながりましょう

まわりの人はどうしてあげたらいい？

- いままでの経験や実績を活かしてあげましょう
- 「何が不安か話してみて」と話を聞いてあげるようにしましょう

その他ブルーにまつわること

ブルーの有名人

マドンナ、レディーガガ、藤井フミヤ、今田耕司、天海祐希、関根勤、壇蜜、桐谷美玲、東野幸治、加藤浩次、土屋太鳳、きゃりーぱみゅぱみゅ、澤穂希

ブルーの力を強化したいときにおすすめなのは…

- 食べもの：ぶどう・魚肉・さば
- カラーストーン：ブルーサファイア・アクアマリン・タンザナイト・ラピスラズリ
- アロマオイル：ペパーミント（客観性・洞察力を持ち、自分を表現できる香り）

インディゴ

深い海の底で物事の真髄を見る海洋のような人

インディゴの人の特徴

インディゴの人は、冷静に物事をとらえ、奥深く理解する人です。

深い知性と理性を持ち合わせ、何をするにも理路整然としています。

秩序を大切にし、焦らずじっくりと考え、納得のいく答えを導き出します。たとえ厳しい状況下であっても絶対に弱音を吐きません。

全体をプロデュースする力があり、リーダーという立場を任されると、高い能力を発揮します。やるべきことをきっちり行う完璧主義者でもあるので、謙虚に取り組みを進めることで、まわりともうまく関係を築ける人でもあります。

インディゴのキーワードは「パーフェクト」

- こだわりが強い、本物志向
- ＶＩＰ扱いされるのが好き
- 完璧主義で、求める基準値が高い
- ブランド好き（物なら一番高価なものを好む）
- どんどん実績をつくっていくのが得意
- 最初から世界のステージを見据えている
- 礼儀礼節を重んじる
- 徹底的にこだわる
- 世間体を気にする一面も
- 他人の細かいところに気がつく
- 決して弱音を吐かない
- 大きく漠然とした話が好き

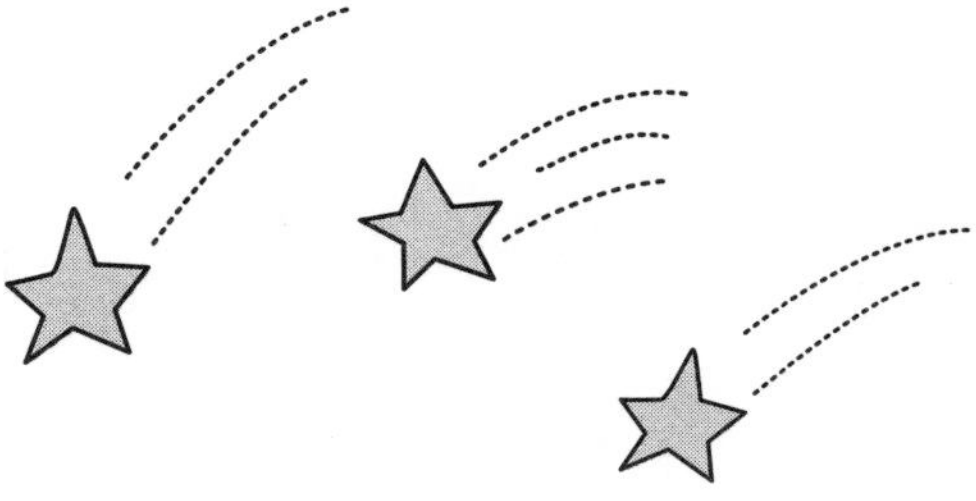

インディゴの持つ意味と特徴＝理解力・シンパシー

キーワード：理解力　分析力　判断力　整理　冷静

インディゴは、12色のなかでもっとも明度が低く、冷静で落ち着きのあるカラーです。そのため、深く物事を考えたり、集中させる力があります。緻密な作業をするとき、ミスなく作業をする必要があるときなどは、インディゴを活用してみましょう。身につけることで、周囲に「きっちりしている」「しっかりした人」という印象を与えます。

また、整理・判断・計画をするときにも、インディゴはおすすめです。「本質」を表す色でもあるので、常識や当たり前にとらわれず、目の前のことを理解し、大切なことを見極める判断力を高めてくれるでしょう。

〈恋愛〉弱音を吐かない完璧主義者。でもじつは甘えん坊

インディゴの人の恋愛パターン

相手と親しくなるまでに時間がかかり、自分から積極的にアプローチしたり、愛情表現を行うのが苦手なインディゴ。

内面とのギャップが大きく、弱音を吐かない完璧主義に見えている一方で、じつはパートナーには甘えん坊で、結婚願望が強いタイプです。

また、自分は束縛されることを嫌いますが、相手の浮気は許せないタイプでもあります。

甘えん坊でかわいらしい部分もある一方、本気で怒ると、12色キャラでもっと

も迫力があります。自分に非があったとしても、プライドが邪魔をしてなかなか謝れないという特徴も。そういったところも含めて受け入れてくれるよき理解者が見つかると、心が安定します。

インディゴの人との恋愛アドバイス

完璧主義で人に弱いところを見せるのが苦手なため、パートナーなどの特定の人には、安心して甘えたいと思っています。

インディゴの人とお付き合いをするなら、甘えやすく、本当の自分をさらけ出しても安心できる環境を整えてあげることが大切です。

普段弱音を吐かずにいる分、少しでも悩みを吐露する場面があれば、親身に聞いてあげるといいでしょう。

また、本気で怒らせてしまうと、ちょっと大変です。弱音を吐いたことを、人前で否定するのはNG行為。誰かと比較してけなすのは、もってのほかですよ。

甘えん坊の一面を理解し、否定せずに優しく受けとめてあげるようにすると、長いお付き合いができるでしょう。

〈仕事〉根っからのリーダー気質！

インディゴの人の仕事への取り組み方

インディゴの人は、自分だけでなく、他人にも厳しい完璧主義者です。こだわりが強く、常にプロ意識を高く持って仕事に取り組んでいるため、仕事とプライベートの境界線がありません。

「こうありたい」「こうなりたい」という理想が高く、統率力もあるため、権力のある立場を築きたいという想いは、12色キャラのなかで一番強く持っています。秩序や常識を重んじ、上下関係を重視するので、ワンマンプレーで人を振りまわすようなことはしません。

インディゴの人と仕事をするとき

プライドが高いインディゴの人には「あなただからお願いできる」と、自尊心をくすぐるひと言を添えると、張り切って取り組んでくれるでしょう。

ほめて伸びるタイプなので、ストレートにほめて、モチベーションが高くなるようサポートすれば、よりよい結果につながるよう努力を重ねてくれます。

また、ビジネスの場では、ゴルフや遊びなど、仕事以外のお誘いを受けることも多くあります。仕事とは関係のない場でも、インディゴの人からお誘いを受けたら、断らずに付き合うことで、より距離が縮まり関係性が密になりますよ。

得意ではないインディゴの人への対応策

●特別感を大切にするので、礼儀を重んじる

〈人間関係〉どんなに仲良くなっても「親しき仲にも礼儀あり」

インディゴの人の人間関係

上下関係を重んじ、礼儀礼節を大切にするインディゴの人には、「親しき仲にも礼儀あり」という言葉がぴったり。

ただし、目上の人には礼儀やマナーを大切にしていても、つい下の立場の人をおろそかにしがちになってしまうことには気をつけたいところです。

一方で、周囲の部下や仲間に花を持たせ、持ち上げることで信頼と評価を高めていく「チームのまとめ役」でもあります。世間からの評価も大切にするため、常識外れな行動に走るということはありません。

いつも全体を見て空気を読み、自分を全面にアピールすることはありませんが、落ち着きのある姿が、「この人がいれば大丈夫」と周囲を安心させてくれます。

身近な人と集まっていても、自然にリーダー役をしていることもあるのではないでしょうか。

インディゴの人と接するとき

インディゴの人は、完璧主義ゆえに「適当」なことが目につくと不快に感じてしまいます。だからこそ、インディゴの人に「適当だね」「いいかげんだね」といったようなことは決して言ってはいけません。

また、いくら親しい間柄であっても、礼儀正しくＴＰＯに合わせて接するようにしましょう。

根っからのリーダー気質でもあるので、決してみんなの前でプライドを傷つけるような言動はしないこともポイントですよ。

もし、落ち込んでいるように見えたら、そっとしておくのではなく、食事に誘ったり、雰囲気のいいお店へ誘い出してあげたりすると喜びます。

インディゴの人に効果的な言葉がけ

「やっぱりすごいね！」

「完璧だね」

「あなたのおかげだよ」

「あなただからお願いできるんだ！」

インディゴの人に言ってはいけないＮＧワード

「適当だね」

「こういうところができていないよね」（人前で）

「それって品がないよね」

「ちゃんと考えてから言ってよ」

インディゴの人と関わるときのポイント：ＶＩＰ対応をする

話が通じやすい相手：イエロー

話が伝わりにくい相手：マゼンタ

インディゴの人が不安なときは…

本人はどうしたらいい？

- その道のプロに解決策を聞きに行きましょう
- お金と時間と人脈を使って解決策を探しましょう

まわりの人はどうしてあげたらいい？

- 「ひとりで考えないで専門家に聞きに行くといいよ」と安心する言葉をかけましょう
- 弱音を吐いてきたら、優しく受けとめてあげましょう

その他インディゴにまつわること

インディゴの有名人

アンミカ、小泉純一郎、孫正義、ダウンタウン、ピコ太郎、吉田美和、田中将大、上地雄輔、柴咲コウ、吹石一恵、菊川怜、檀れい、国生さゆり、萬田久子

インディゴの力を強化したいときにおすすめなのは…

- 食べもの：なす・いわし・ブルーベリー
- カラーストーン：サファイア・アイオライト・タンザナイト
- アロマオイル：ユーカリ（冷静さと聡明さを持って、理路整然と整える香り）

パープル

果てしなく、無限の可能性を持った宇宙のような人

パープルの人の特徴

パープルの人は、広くつかめない空間そのもののように、自分のなかに枠を持たない自由な人です。ルールや常識という型にはまらず、自分の感覚で生きているので、固定観念にとらわれることなく、思うままにまっすぐ進んでいきます。独自の感覚で、物事を合理的にとらえて進めていくことも得意です。感覚的で、瞬時に判断し、不可能なことを可能にする力も持ち合わせています。鋭い直感とひらめきを武器にすれば、束縛されない自由な環境をつくることもできるでしょう。

パープルのキーワードは「ファンタジー」

- 自由奔放でルールに縛られることを嫌う
- 宇宙人のような人（つかみどころがない）
- 気分のアップダウンがある
- 信頼関係を築けている人には自分をさらけ出せる
- 束縛される環境に弱い
- 気が乗っているか否かがわかりやすい
- 感情豊か
- 直感とひらめきの感性に長けている
- 状況に応じて、瞬時に切り替えができる
- ポイントはひと言知れば十分なタイプ
- いちいち細かく指示されるのは苦手
- 得意分野には爆発的な能力を発揮する

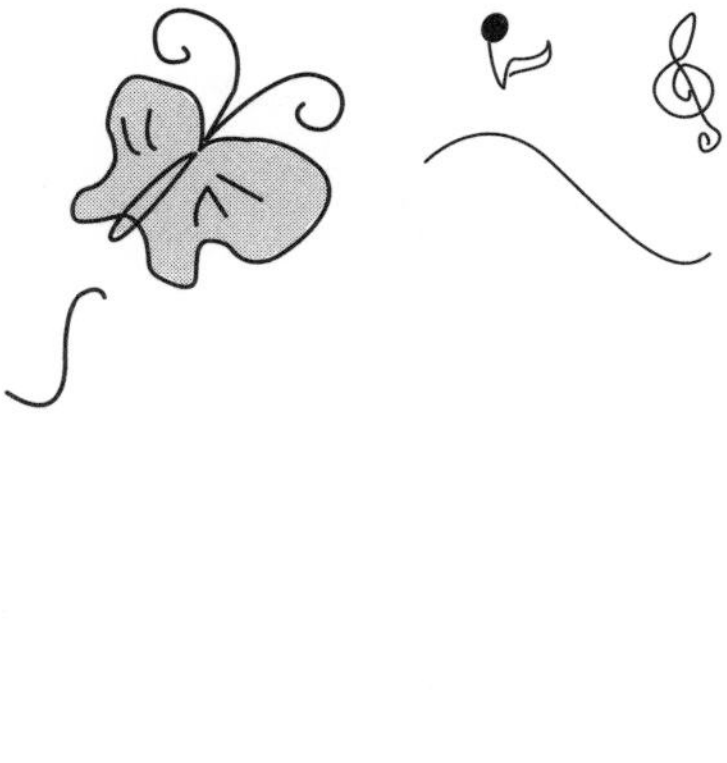

パープルの持つ意味と特徴＝直感力・インスピレーション

キーワード：直感力　感性　高貴　優雅　ミステリアス

パープルは、レッドの情熱さとブルーの冷静さを併せ持つカラーです。型にとらわれず、自由な発想を広げる力があります。常識や固定観念にとらわれることなく、ひらめきたいときや、自信を持ちたいとき、殻を破りたいときにこの色を使うといいでしょう。

パープルはレッドとブルーの掛け合わせである分、繊細でミステリアスな印象も与えます。空間に使えば非日常な雰囲気に。身につけると直感が冴えわたり、いつもとは違う感性で選択をする後押しをしてくれるはずです。

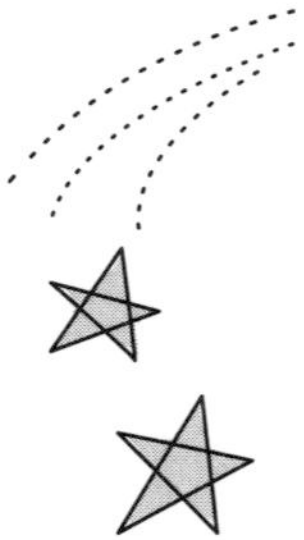

〈恋愛〉束縛が苦手な自由人、独自の豊かな感性が魅力的

パープルの人の恋愛パターン

束縛されることが苦手なパープルの人は、とにかく自由を好みます。常識にとらわれない、軽やかなお付き合いができると長続きします。逆に言うと、型にはまった恋愛では、満足できないところも。

自分の自由な感覚を大切にしている分、つかみどころがないイメージがあるものの、信頼関係ができてくると、甘えん坊な一面が見え隠れします。

また、自分に合う人なのかどうかを感覚的に感じとって判断するため、「ビビビッ」ときて恋に落ちるということが起こりやすいタイプでもあります。

パープルの人との恋愛アドバイス

ルールに縛られず、自由であることを好むパープルは、自分の感覚を尊重されると喜びます。ですから、あまりプライベートなことに立ち入りすぎると、放っておいてほしくなってしまうかもしれません。

常識や固定観念があまり通用しないので、着実で堅実なお付き合いをしたい場合には、うまくいきづらいでしょう。軽やかで自由な付き合い方ができるなら、良好な関係を築ける可能性大です。

また、パープルの人は、自分のなかで枠を持たず、変化することにもあまり抵抗がないので、サプライズは大歓迎。するのも、されるのも嬉しいタイプです。

現実的で夢がないよりも、ファンタジーな雰囲気が好みです。距離を縮めたいときには、そういった環境下で過ごすことがおすすめです。

〈仕事〉自由な感性を活かし、鋭い直観とひらめきで提案力抜群

パープルの人の仕事への取り組み方

ルールや常識に縛られず、持ち味である鋭い直感やひらめきを活かした企画を生むのが得意。その自由な発想は、多くの人の感性を刺激します。独自のインスピレーションで、誰も思いつかないような提案ができるタイプです。人から言われたことに取り組むよりも、自分のひらめきや感性を大切にできる分野で、爆発的に能力を発揮するでしょう。

感覚的に感じる能力が高い分、0から1をつくることを苦にしません。

束縛されることを嫌うので、細かく指示をされたり、マニュアル通りのことを求められるとモチベーションが落ちやすいという特徴も。

自分の思うまま、固定観念にとらわれることなく、独自の感覚で物事を成し遂げられる環境に身を置いたほうが、仕事はうまくいきます。

パープルの人と仕事をするとき

自由な環境で仕事を任されたほうが、直感とひらめきが発揮されてやる気がグッと上がるタイプですから、細かく管理しようとすると、うまくいきません。

パープルの人の感性を大切にしてあげたほうが、結果につながるでしょう。

また、気分のアップダウンが激しいので、相談やお願いは気持ちが乗っているときにしましょう。細かい指示は逆効果になるので、要点をひと言で伝えるのがポイントです。さりげなくほめるひと言があると、とても喜びます。

得意ではないパープルの人への対応策

●枠にはめずに自由にさせてあげる

〈人間関係〉察するのが得意で自由奔放な宇宙人気質

パープルの人の人間関係

気分のアップダウンがあり、その時々の空気感を大切にするため、意見が変わりやすいところがあります。常識を重視する人からすると、予想外の言動が多いので驚かれることも。世間体を気にせず、自分の感覚を信じているので、つかみどころがないイメージを与えることが多いでしょう。

「心にまっすぐ、正直に生きたい」という思いのもと、感じたままに急に予定を断ってしまうこともありますが、本人に悪気はありません。

鋭い直感を活かして、話の要点をつかむのが得意。そんなパープルの感性をおもしろがってくれる人たちのなかに身を置いていると、のびのびできます。

パープルの人と接するとき

束縛されることや、型にはまることを嫌がるので、何かを強要して無理に話を進めようとすると、こじれてしまうことも…。感覚的な部分を優先したいタイプなのだと、周囲の人がわかっていると、摩擦も減るでしょう。

気持ちに波がありますが、わかりやすく「悪気はないんだな」と心得ておくと、お互い気持ちよく関わることができるでしょう。

一度信頼関係を築けると、オープンな付き合いをしていくことができます。

パープルの人に効果的な言葉がけ

「バッチリだね！」

「（ざっくりと）任せたよ」

「さすが、天才だね！」

「斬新だね！」

パープルの人に言ってはいけないNGワード

「ルールを守ってね」

「ここは○○にして、ここは●●して…（長く、細かく話す）」

「収入はどれくらい？　旦那さんの仕事は？　休日はどこに出かけたりしているの？（根掘り葉掘りはダメ）」

「マイペースすぎるよね」

パープルの人と関わるときのポイント：自由なペースに合わせた対応をする

話が通じやすい相手：グリーン

話が伝わりにくい相手：オレンジ

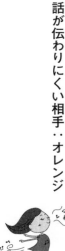

パープルの人が不安なときは…

本人はどうしたらいい？

● 気分の浮き沈みがあることを理解しましょう

● そのときの状況に合わせて過ごしましょう

● 何かに没頭しましょう

まわりの人はどうしてあげたらいい？

● 不安に思っていることにあまり触れないようにしましょう
（いちいち言わなくても、本人はわかっているため）

● 「この時期つらいね」くらいの軽い言葉が◎

● いつも通り接しましょう

● 話し始めたら、聞いてあげましょう

その他パープルにまつわること

パープルの有名人

マツコデラックス、藤原紀香、華原朋美、劇団ひとり、叶美香、松本潤、滝川クリステル、イチロー、松井秀喜、椎名林檎、美輪明宏、テリー伊藤、石川遼、ビヨンセ、倉木麻衣、岡村隆史

パープルの力を強化したいときにおすすめなのは…

- 食べもの：紫いも・プルーン
- カラーストーン：アメシスト・パープルサファイア
- アロマオイル：ローズ（美意識と精神的なゆとりを持たせてくれる香り）

マゼンタ

大らかな愛ですべてを受けとめる母なる大地のような人

マゼンタの人の特徴

しっかりと大地に足をつけ、深い情けと公平で隔たりのない愛を与える人です。

理想的な展開へのイメージと具体的な数字の情報を得て、描いた夢を実現させていきます。些細なことには驚かず、常に悠然とかまえ、万物を大きな心で受け入れることができるタイプです。誰とでも付き合い、まわりの意見や行動に振り回されることなく、自分の土台をしっかりと持っています。ひとりの時間も大切で、ぼ～っとすることでリフレッシュします。「自分ならできる」という確信を持っているので、どこにいても自分を活かし、力を発揮できるでしょう。

マゼンタのキーワードは「ドリーム」

- 老人気質（昼寝、日本茶、リゾート地、温泉が好き）
- 労ってもらいたいという思いが強い
- 細かく確認するタイプ
- みんなの意見を聞いて、最後に話すクセがある
- 夢を見ながらも現実を受け入れる力がある
- 基本的にはロマンチスト
- 長期的な展望を持っている
- 競争意識は強いものの、負ける勝負はしない
- サービス精神旺盛
- 趣味などで自分を高めることが好き
- 笑いをとるための毒舌家
- ぼ～っとする時間がないとがんばれない

マゼンタの持つ意味と特徴＝包容力・キャッチ

キーワード：包容力　責任　献身　思いやり　母性的

マゼンタは、レッドの情熱とパープルの自由を併せ持つカラーです。マゼンタに囲まれていると、自然と愛にあふれ、すべてを受け入れる気持ちが湧いてきます。

相手や自分を受け入れたいときにこの色を使うといいでしょう。

奉仕のカラーでもあるので、奉仕が必要な場にマゼンタを取り入れたり、身につけたりすることで、そこにいる人たちが優しい気持ちになっていきます。

安心感を与える場にしたいときにもおすすめですよ。

〈恋愛〉ロマンチストで妄想好き、未来に夢を描く

マゼンタの人の恋愛パターン

本心をなかなか見せようとしないところがあり、恋愛でも時間をかけて相手を信頼していく傾向があります。

ロマンチストで、長期的な夢を思い描くことが得意ですから、「お互いの理想の未来」を語り合うことで、テンションが上がります。

ロマンチックな演出やムードも大好き。献身的なところがあるので、お付き合いするパートナーには、一途に尽くす人です。

じつは、意外と計算高いところもあり、ただ、夢を描くだけではなく、実現するためには何が必要かを考えて、コツコツ努力して叶えていく力も持っているのが強みです。そんな頼もしさもわかっている人となら、よりうまくいくでしょう。

マゼンタの人との恋愛アドバイス

ロマンチストではありますが、無理せず、お互い自然体でラクに過ごせる人に惹かれる傾向があるのがマゼンタの特徴です。ですから、肩肘を張ったお付き合いやいつでも活動的に過ごすようなお付き合いは、あまりおすすめしません。

休息も大切にしたいタイプなので、自宅でのデートもお出かけも、どちらも楽しみながら疲れずに過ごせるようにしてもらえるとグッときます。

旅行をするなら、リゾート地や温泉がいいでしょう。

未来を語ることが大好きなので、ゆったりした空間で一緒に話ができると盛り上がりますよ。

〈仕事〉サービス精神旺盛で、じつはやり手の堅実派

マゼンタの人の仕事への取り組み方

悪い結果にならないように、慎重に先を読んで動くことができるタイプです。責任感が強く、自信もあります。尊重されると、より力を発揮するでしょう。

数字に強く、勝負に出ることもありますが、勝ち目のないような競争はしません。理想を現実にする力があり、アイデアをひとつずつ実現させていくため、地に足をつけて着実に進んでいくことができます。

サービス精神旺盛で、ユーモアあふれる企画が得意。

自分だけでなく、チームの持ち味を活かして、仕事に取り組もうとします。

マゼンタの人と仕事をするとき

疲れやすいところがあるタイプのため、長時間の仕事には向きません。仕事のスピードもゆったり気味で、昼寝などの適度な休息は必須です。こういった特性を踏まえて仕事をお願いしたほうがいいでしょう。目標を明確にすると、俄然やる気が出るタイプでもあります。

また、連帯感を大切にするので、チームで仕事を推し進めることもできる人です。計画的に物事を進めていくことができる分、仕事の詳細は細かく伝えておくようにすると、それに合わせて動いてくれるでしょう。

得意ではないマゼンタの人への対応策

- 最悪のケースと最高の未来を伝える
- 急かさず、ペースを尊重する
- 常に本音で話すことを心がける

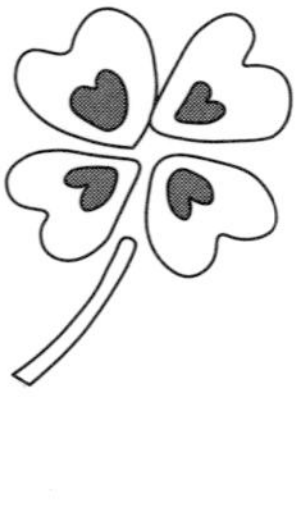

〈人間関係〉情が深く、誰とでも公平に付き合う包容力を持つ

マゼンタの人の人間関係

情深く人当たりがいいので、誰とでも付き合うことができるタイプです。サービス精神旺盛で、笑いをとるために毒舌になることもあるでしょう。

一方で、「相手が信頼できる人かどうか」ということを、ゆっくり時間をかけて把握します。

その間はなかなか本心を見せないので、周囲からは「わかりにくい」と思われがちです。

負けず嫌いなところがあり、話し合いがこじれると、理屈っぽくなってしまうことも。できるだけオープンであることを心がけるといいでしょう。

マゼンタの人と接するとき

ひとりの時間を大切にするので、そっとしておくことも忘れずに。ぼ～っとする時間が必要なタイプなのだと理解しておきましょう。夢を語ることが原動力になるので、将来の話や、理想については、積極的に聞いてあげると◎。最初は本心が見えないと感じても、ゆっくり信頼関係を築いていくつもりで関わるとうまくいきます。

サービス精神旺盛で、奉仕の人でもあるので、労いの言葉には喜びます。「何か悩みがあるのかな?」という様子が感じられたときは、じっくり話を聞いてあげるようにすると、だんだん元気を取り戻すでしょう。励まされると、とたんにやる気が出てくるので、こまめに言葉をかけてあげてください。

マゼンタ

マゼンタの人に効果的な言葉がけ

「これは一生使えるよ」

「誰よりもその道で一番だね！」

「いつも助かっているよ。ありがとう」


マゼンタの人に言ってはいけないＮＧワード

「もう少し早くやってくれない？」
「これ、苦手でしょ？」（かえって無理にがんばろうとしてしまいます）
「夢みたいなことばかり言うよね…」

マゼンタの人と関わるときのポイント：夢を見させてあげる

話が通じやすい相手：インディゴ

話が伝わりにくい相手：イエローグリーン

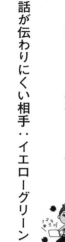

マゼンタの人が不安なときは…

本人はどうしたらいい？

- 夢も現実的なことも、両方考えましょう
- まずは寝ることで不安を解消しましょう
- 生活に困らないような状態を整えましょう
- 自分の理想の未来のために、いまできることを確実に進めましょう

まわりの人はどうしてあげたらいい？

- 「不安なこと、嫌なことがあったら言ってね」と声をかけましょう
- ぼ～っとする時間、休息できる時間をつくってあげましょう
- 未来に対する夢を聞いてあげましょう
- がんばっていることをねぎらってあげましょう

その他マゼンタにまつわること

マゼンタの有名人

石原さとみ、米倉涼子、坂上忍、木村拓哉、太田光、三谷幸喜、役所広司、羽生結弦、芦田愛菜、山口智子、蓮舫、高橋みなみ、真矢みき、宮崎あおい

マゼンタの力を強化したいときにおすすめなのは…

- 食べもの：赤ワイン・紫玉ねぎ・紫いも
- カラーストーン：ピンク（トルマリン・サファイア）・アレキサンドライト
- アロマオイル：ゼラニウム（温かさと優しさ愛情を感じさせてくれる香り）

コラム

色の持つ効用
～こんなときにはこの色を身につけよう～

毎日着る洋服や、いつも持ち歩く小物、その日の気分によって選ぶバッグに履き替える靴…。知らず知らずのうちにわたしたちは色を身にまとい、無意識のうちに色の効果を体感しています。あなたは、そんな色の持つ効用をご存知ですか？

パッと見たときに感じる色のイメージが、じつはその色の持つ効用だったりするのです。せっかくなら色の持つ力を活用したいですよね。

ここでは、「こんなふうになりたい」というときに、どんな色を取り入れたらいいのかをまとめました。ぜひ、日常生活のなかで色の力を活用していきましょう。

●レッド
・目標に向かってまっしぐらに進みたいとき
・元気を出したいときに身につけるのも◎
・過去や未来にとらわれず、いま、目の前のことに集中して前進したいとき

●レッドオレンジ

・いまあるものを変化させ、楽しみながらスピーディーに展開させたいとき
・プラスのイメージでチャレンジする勇気がほしいとき
・自分の限りない可能性を信じて行動したいとき

●オレンジ

・明るく自由で開放的な気分になりたいとき
・物事を楽しくポジティブに考えたいとき
・自由な発想で表現したり、発信したりしたいとき

●イエロー

・「未来は無限の可能性が広がっている！」と明るい希望を抱きたいとき
・注意力や集中力をアップさせたいとき
・広い視野を持って、自分を高めたいとき

●イエローグリーン

・誰かとの関係性をよくしていきたいとき
・愛と感謝の気持ちで一人ひとりと向き合い、心を通わせたいとき
・優しく穏やかな気持ちになりたいとき

●グリーン

・心や身体を落ち着かせ、平和や安らぎを感じたいとき
・まわりの人々と調和し、協調したコミュニケーションをとりたいとき
・心身ともに疲れて、バランスを取り戻したいとき

●ブルーグリーン

・まわりとのバランスをとりながらも、自分を確立していきたいとき
・「自分軸をしっかり持ちたい」という自立心を駆り立てたいとき
・自分のポジションを明確にしたいとき

●ターコイズ

・個性を引き出し、磨きをかけ、自分らしさを発揮したいとき
・人目を気にすることなく自分の個性を出す勇気がほしいとき
・独創性のある新しいアイデアを生み出したいとき

●ブルー

・よりよいコミュニケーションをとって周囲からの信頼を得たいとき
・自分の役割を明確にしたいとき
・まわりの人にわかりやすく想いを伝えたいとき

●インディゴ

・より深く自分の存在を見つめ、自分を極めたいと思うとき
・深く物事を考えたり、集中したりしたいとき
・頭のなかを整理整頓し、冷静な判断をしたいとき

●パープル

・理論よりも直感、感性、感覚を研ぎ澄ませたいとき
・神秘性やスピリチュアルの感性を高めたいとき
・束縛されず、自分の気持ちを大切にしたいとき

●マゼンタ

・物質的なものと精神的なものを両方とも手に入れたいとき
・仕事もプライベートも大切にしたいとき
・愛にあふれた気持ちで相手や自分を受け入れたいとき

コラム

色の持つ効用
～ファッション・インテリア編～

シーンによってふさわしい色合いがあるのも、色のおもしろいところです。

とくにファッションは、相手に与える印象がかなり変わってきますから、ぜひTPOに合わせて選んでみてください。

■パーティーに誘われたら…

レッドの衣装も目立ちますが、イエローを着ると華やかでパッと目を奪われるでしょう。ブルー系もキレイですが、少しおとなしい印象を与えます。

■PTAの会、授業参観へは…

ブルー系のファッションがおすすめです。まわりからの信頼を得たいときは、ブルーが効果的。お受験の面接や、就活に着用する紺色のスーツはその代表格ですね。結婚式でもお葬式でも役立ちます。

■食事中、家族の会話が弾まないときは…

テーブルクロスやランチョンマットをオレンジにしてみては？　自然と楽しく会話が弾むでしょう。

第 2 部

12色キャラが
もっとわかる!
3つの性格タイプ

3つの性格タイプでわかる《シーン別対応例》

あなたはどのタイプ？

16ページでも解説したように、12色キャラの個性は3つの性格タイプに分けることができます。

MOON　：　イエロー、イエローグリーン、グリーン、ブルー
EARTH：　オレンジ、ブルーグリーン、ターコイズ、マゼンタ
SUN　：　レッド、レッドオレンジ、インディゴ、パープル

性格タイプが異なることで、行動パターンも違ってきます。
ここからは具体的にどのように違うのか、シーン別に見ていきましょう。

カフェでランチをするとき、メニューのどこを最初に見る？

ＭＯＯＮは、まずメニューの説明書きの文章に注目します。「何の材料が使われているのか。この野菜は、○○産なのね！」と、素材や産地という知識や情報を知りたいタイプです。

ＥＡＲＴＨは、まず金額をチェック。メニューの内容と金額がふさわしいか、コストパフォーマンスがいいかどうか、数字を重視します。

ＳＵＮが見るのは、まずメニューの写真。内容よりも見た目が大切。おいしそうで、ビジュアルも美しいとそれだけで十分な決め手となります。説明文よりも、現物が興味の対象です。

よく使う言葉は？

ＭＯＯＮの口グセは、「なんで」「どうして」「なるほど」。

理念やポリシーを重視します。形のないものに価値を見出したい性質ゆえ、そこに至るまでのプロセスを知って安心したい気持ちもあるのでしょう。

EARTHがよく使うのは、「使える」「納得」「言い換えれば」「結局」という言葉。MOONとは逆に、形のある価値や結果を大切にするEARTH。自分が納得できるかどうか熟考し、自分の言葉で言い換えた結論を出すのが特徴です。

SUNの人は、「スゴイ!」「絶対!!」「とりあえず…」をよく口にしませんか?権威や安心を重視するSUNらしい言葉です。いつも光り輝くための手っ取り早い方法を知りたいため、権威権力のあるものや、感性に響くものに惹かれます。

洋服選びのポイントは?

MOONの洋服選びは、生地がポイント。

その素材が何でできているのか、肌触りのいい生地なのか、質感はどうなのかから始まります。また、販売員の人柄で決めることも。

EARTHは、まず値段が気になる人が多いのでは? その価値に見合ってい

るのかを確認してしっかり選び、お得感があるかどうかを重視します。

販売員は用事があるときのみ呼び、基本は自分で見て決めたいタイプです。

ＳＵＮは、どこで買うのかが重要です。同じ商品であっても、本店で買うのか支店で買うのかは、ＳＵＮにとっては大きな違いです。商品のインパクトと、ネームバリューがあるもの、雑誌に掲載されているものには価値を感じます。

クレーム対応の仕方

ＭＯＯＮは、本人から直接謝ってもらいたいと思うタイプです。後日、担当者から手書きの手紙を送られてくると納得しやすいでしょう。

ＥＡＲＴＨは、誠意は形で表してもらいたいタイプです。商品券やサービス券を贈るなど、形あるもので示されたほうが落ち着きます。

ＳＵＮは、責任者に謝ってもらいたいと思う傾向があります。上層部の人が対応してくれることで、気持ちがおさまるでしょう。

社内で表彰されたときに喜ぶプレゼントは？

MOONは、上司からの手紙や花束にお祝いの気持ちを感じ、喜ぶタイプです。

EARTHは、形あるものに価値を感じるので、表彰として現金、商品券、ギフトを好みます。

SUNは、表彰状や盾など、表彰の象徴となるわかりやすいものが好きです。

参加している会議が長引いているときには？

MOONは、長引いたら長引いただけ、ずっとしゃべっている人が多いでしょう。

EARTHは、自分のペースを守りたいので、「今日はこれくらいにしましょう」と提案することができます。

SUNは、ついほかのことを考えがち。意見を求められて、ハッとすることも。

メール文の傾向は？

ＭＯＯＮは、「こんにちは（時事ネタ）」から始まり、長文になることが多いタイプ。信頼関係を築くことを大切にしているので、丁寧に自分の想いを伝えます。

ＥＡＲＴＨは「了解！」「ＯＫ！」とひと言短文のみ。要点を端的に伝えます。

ＳＵＮはやたらと絵文字やキラキラマークを用います。話がコロコロと変わる時やタイミングを大切にするので、だらだらと長文メールを送ることはしません。

のも特徴です。やや乱文気味になることも。

誰かに道案内を頼まれたときには？

ＭＯＯＮは、懇切丁寧に道順を説明する傾向があります。

相手が理解しているかどうかにも、気を配りながら伝えるのが特徴です。

ＥＡＲＴＨは、ポイントをしっかり押さえて伝える傾向があります。

相手がいかに安全に効率よく目的地へたどり着けるかを考えるでしょう。

SUNの道案内は、擬音語・擬態語が多いのが特徴です。

「この道をバーッと行って、ひとつめの十字路を右にシュッと曲がると、ドーンと高いビルがあるので…」と説明することが多いでしょう。

子どもの話を聞くときには？

MOONの子どもに対しては、話を最後まで聞いてあげることが大切です。食事の際、家族そろってみんなで食べる時間を習慣にするといいでしょう。

また、スキンシップをとりながらのコミュニケーションは、安心感を与えるので欠かせません。他人と比較せず、その子の成長を見守るスタンスが大切です。

EARTHの子どもには、自分の世界を築いたり、自分のペースを保ったりするために、自分だけの部屋（スペース）を用意してあげるといいでしょう。

おこづかいをきちんと与えること、必要以上に干渉しないようにしつつも目標をしっかり与えることで、個性がスクスク育ちます。

ＳＵＮの子どもは、ほめてあげることでグングン成長します。ある程度自由にさせないと、途端に個性を発揮できなくなってしまうので、気をつけたいところです。賞状をもらってきたら、リビングに飾ってあげましょう！

それぞれの恋愛観は？

ＭＯＯＮは、相手に対してハッキリと気持ちを伝えるのが苦手です。デートというよりも、友人を巻き込んで、みんなで遊ぶパターンが多いでしょう。まわりから情報を集めたり、相談しながら恋愛に発展させるタイプです。

ＥＡＲＴＨは、相手に対して想いをハッキリと伝えることができます。興味のある人を絞り、その人と遊ぶ計画を立てます。友人と恋人は別と考えるので、友人関係から恋愛へはまず発展しないでしょう。ライバルがいると、俄然、燃えることも…！

ＳＵＮは、直感や感覚で恋愛へ発展していくタイプです。会う回数や環境の変化など、シーンや会う場所を大切にしながら遊びのプランを立てることに喜びを感じます。いつもとは違うシチュエーションは効果的です。

コミュニケーションのとり方は？

MOONは、相手のことを「頭」で理解しようとするために、「目」を使って、相手をよく観察します。相手に自分のことをよく理解してもらいたいので、話が丁寧で長く、結論は最後までわからない…という人が多いのではないでしょうか。

EARTHは、相手と自分がつながっていることを「耳」で確認するために、「言葉」を使って、相手に確かめるのが特徴です。

また、ポイントのみを押さえておきたいので、話は結論から始まり、内容を思いきってそぎ落とし、最後に結論を繰り返すという、効率重視の話し方をします。

SUNは、相手と自分が仲間かそうでないかを「感性」を使って感じようとするため、まず場の空気を察しようとするでしょう。自分の感性に「ピン」とくるものを大切にしますが、気分が変化しやすいので、会話に一貫性を持たせることが難しく、話がどんどん展開したり、別の方向へ飛んだりすることも…。

カラオケに行ったら…

MOONは、みんなと仲良く和気あいあいとしたいタイプです。自分が歌うことよりも、みんなが楽しんでいるかどうかが気になります。

EARTHは、自分が熱唱できたか、みんな平等に歌えたか、ということにポイントを置きます。人より自分が発散できたかどうかが重要なのです。

SUNは、できればサビだけ歌いたいタイプ。自分が歌えそうな歌や、流行の歌を歌えれば満足です。


いかがでしたか？

3つの性格タイプによって、行動パターンがずいぶん変わります。それぞれの傾向を理解して、よりよい関係を築きたいですね。

3つの性格タイプでわかる 人生の優先順位

MOON MOON MOON

・みんなと仲良く、和気あいあいと競争やケンカをせずに、ともに生活したい

↓マインド、理念が必要！

・安全性、原理、法則を大切にしたい

↓人柄、品質、システムを重視

EARTH

・誰にも文句を言われたくない。自分の世界を築くために、自分のペースでがんばりたい

↓形、結果、楽しさが必要！

・時、タイミングを大切にしたい

↓コストパフォーマンス、実質を重視

SUN

・いつも元気に輝く成功者になるために、手っ取り早い方法を模索したい

↓資格、権威が必要！

・感性、可能性、願望を大切にしたい

↓会社のスケール、ステイタス性を重視

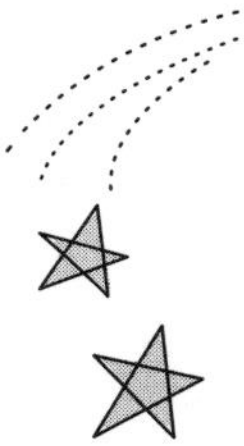

3つの性格タイプでわかるイメージ

月の満ち欠けのようにさまざまな面を持つMOON

あなたは「MOON（月）」と聞いてどんな月をイメージするでしょうか？

まんまるの満月をイメージした人もいれば、妖艶な三日月を思い浮かべた人もいるかもしれませんね。MOONの人は、月の満ち欠けのようにいくつかの顔を持っています。目立たなくても存在感を持ち、ひっそりと輝いて出番を待っている新月のような一面と、夜でも明るく夜道を照らしてほっとさせる満月のような面の両方を持ち合わせているのです。

ＭＯＯＮの属性にあたる、イエロー・イエローグリーン・グリーン・ブルーは、自然体でやわらかく、誰に対しても優しいので、相手によって柔軟に形を変えるという特性がある一方、人に振り回されてしまうところもあるでしょう。

小さい頃に聞いた昔話にも、たびたび月が登場します。月は人を惹きつけ、夢をかき立て、不思議な世界を開く扉の鍵として重要な役割を果たしています。いつの間にか人に影響を与える存在でもあるのです。

〈色〉ナチュラル、自然色、やわらかい

EARTH

地球の自転のように現実的で自立心の強いEARTH

ＥＡＲＴＨは、まさに「いま、ここ」わたしたちが住んでいる地球です。日頃意識をしていなくても地球が自転しているように、等身大の自分で考え、見極めてから決めたいと思っている、自立心の強いタイプといえます。

３つの性格タイプのなかでも地に足がついていて現実的。まわりからも落ち着いていてしっかり者の存在として頼りにされています。サバサバしているところも、落ち着いて見られる要因のひとつです。

たとえば、何かのプロジェクトをチームで進めていく際、競争して勝利したいという思いが強いため、実現するためには具体的にどうしたらいいのか、とてもよく考えます。どのくらい時間がかかるのか、プロジェクトを完成させるにはいくらくらいの予算が必要なのかなど、ゴールを見据えて進めていけるのが、ＥＡＲＴＨの持ち味。そのため、プロジェクトや案件を進めるときにはＥＡＲＴＨの属性を持つ、オレンジ・ブルーグリーン・ターコイズ・マゼンタの人をメンバーに入れておくといいでしょう。また、人に興味関心を持つ人情味のある一面も。さまざまな面を持ち合わせ、変化に富んでいるのも、ＥＡＲＴＨの特徴であり、魅力です。

〈色〉クール、きっちり、スッキリ

SUN

いつも光り輝くムードメーカーなSUN

太陽はすべての中心であり、この世界は太陽がなくては始まりません。そのためＳＵＮの人は、エネルギッシュでいつも光り輝き、複数人でいると、いつも自然とムードメーカーになっています。あの人といると気持ちが明るくなる、楽しい気分になるという人がいるなら、ＳＵＮの属性を持った人かもしれませんね。

一方で、ＳＵＮは太陽ゆえの特性があります。地球（ＥＡＲＴＨ）、月（ＭＯＯＮ）、太陽（ＳＵＮ）の位置関係を見ると、太陽が一番離れています。そのため、ＳＵＮのことをつかみどころがないように感じたり、離れすぎていて寂しく感じたりしている人がいるかもしれません。また、ＳＵＮの属性を持つ、レッド・レッドオレンジ・インディゴ・パープルは、燃え尽きてしまうかもしれないという内側に抱えている不安と、表面に出している面の落差が大きいという一面も持っています。

カリスマ性があるので、組織ではリーダーとして活躍します。エネルギッシュな存在として、まわりを巻き込む力を持っているのも特徴です。

〈色〉ビビッド、ハッキリしている、インパクトがある

3つの性格タイプでわかる 商品購入のキーワード

MOON

□「なぜ？」が明確にならないと先に進めない
□知っている人のおすすめやレビューが気になる
□意見や不安を聞いてくれる人を信頼する
□理念や使命感に惹かれる
□ひと手間のメッセージに感動する
□ストーリー性に響く
□ＮＯをはっきり言わない

EARTH

□比較検討して決めたい
□質問に的確に答えてほしい
□最初に決めたことをあまり変えたくない
□決めること、契約が得意
□メリット、デメリットの両方を知りたい
□数字的な根拠や実績を伝えると信頼しやすい
□「時間短縮」や「お手軽」に響く

SUN

□ほしいと思ったら、すぐ買いたい
□ゴージャス、品があるものが響く
□世界を感じさせるものがよい
□わかりやすさが大切
□決めたことにいろいろ言われたくない
□話題性があるもの、人に自慢できるものを購入したくなる
□専門家やNo.1を信頼する

おわりに

人生を、もっとキレイにカラフルに

本書を最後までお読みいただき、ありがとうございます。

わたしはもともと美容関係の事業をしていましたが、当時低迷していたときに、一般社団法人協会ビジネス推進機構代表理事（現一般社団法人ベストライフアカデミー代表理事）の前田出先生との出逢いがありました。

前田先生から協会ビジネスについて学び、この12の色をビジネスにすることで事業はみるみる上向きになっていったのです。

一般社団法人キレイデザイン協会をつくって6年目となります。

10万人にお伝えして新たなステージに立ったタイミングで、今回はじめて12色それぞれの特徴を女の子のキャラクターに見立て、12色キャラとして誕生させました。いままでは色だけでお伝えしていたので、この機会に生まれた12人のキャラクターを、たくさんの方々に育てていただけたらと思っています。

キレイデザイン学のコンテンツを共同開発し、本書を監修していただいた株式会社ロジック・ブレイン代表取締役社長である服部真人先生、そしてこの学問を、たくさんの人に広げてくれた認定講師たち、受講してくださった方々のおかげで本書が完成したことに、心から感謝しています。

キレイデザイン学を広げる活動をすることで、わたしの人生は大きく変わりました。テーマである
「遊ぶように働き、旅するように生きよう」
という毎日を送り、いまではパソコン一台抱え、好きな場所で好きな仕事に取り組むライフスタイルを実現できています。

個性は人それぞれ異なり、それぞれが素晴らしいものです。

本書から導き出された12色キャラ診断は、人を決めつけるものではありません。タイプを知って、お互い歩み寄り、12のキャラクターすべての人を大好きになり、仲良くなっていくための学問です。そんな12の個性を「あきらかに認める」＝「あきらめる」ことは、コミュニケーションを円滑にする秘訣です。

「あの人、嫌い。この人は嫌だ」

と言うより、

「この人が好き。あの人も好き」

と言えるほうが、人生は楽しくなるものですよね。

色を日常生活に取り入れることによって、人生は素晴らしいものになります。

そのために、ぜひ本書を役立てていただき、本書に触れるすべての人の人生がもっとカラフルに、そしてもっと豊かになることを心から願っています。

２０２１年８月31日　大沢清文

●一般社団法人キレイデザイン協会

https://kirei-d.jp/index.php

●講座のご案内

STEP 1 ベーシック講座

自分の生まれ持った「色」=ブランドカラーを知ることで、他人との違いをあきらかに認めることができ、自分と他人の魅力に気づきます。

STEP 2 アドバンス講座

生まれ持った個性と運気の流れを知り、人生を豊かにしていきます。

色彩心理学を知ることで「色」が自分の心理と行動にどのように影響されるかを学ぶ講座。日常に「色」を取り入れることで、楽しい生活に変わります。

STEP 3 マスターインストラクター講座

学ぶ人から教える人へ。インストラクターとしての心がまえ、知識、スキルを身につけ【キレイになりながらしあわせで豊かになる秘訣】を知ることができます。

STEP 4 グランドマスターインストラクター講座

先生から起業家へ。マスターインストラクターの講師デビューまでをマネジメント。自分の理想の未来を設計し、協会理念でもある「人生をもっとキレイにカラフルに」を表現できる人になります。

●一般社団法人キレイデザイン協会

<グランドマスターインストラクター講師紹介>

大沢清文　八尋久恵　田中加代子　しまざきりえ　小笠原かおり
髙橋純子　岩下幸子　田中一美　花澤由華子　五藤美枝子

●動画講座(ステップメール)のご案内

遊ぶように働き、旅するように生きよう!
〜パソコンを開くとそこがあなたのオフィスになる働き方〜
https://bit.ly/3rMGwkZ

大沢清文（おおさわ・きよふみ）
一般社団法人キレイデザイン協会理事長
株式会社ブランドワーク代表取締役社長
1965年佐賀県生まれ。大学中退後、33の職を経た後、サロン経営をスタート。男性エステティシャン＆メイクアップアーティストとして活動し、エステティシャンのマネジメント業務に携わった後に起業。3年で年商1億円のサロンを創り上げる。その後、日本初となる私立女子校にエステ・メイク・ネイル・カラーのトータルビューティ学校プロデュースで本格的に教育事業へ参入。初年度募集 20名に対して、700名の応募が殺到する人気校へと育てる。
2015年、「変わりゆくステージの中でも、女性がいつも美しく輝けるように」との思いから、色彩統計学のアプリを開発。色を用いて女性が講師として活躍できる一般社団法人キレイデザイン協会を設立し、理事長に就任。1年で1000名の受講生が誕生する人気協会となる。これまでに、「12色キャラ診断」を、のべ10万人が体験。毎年、講師、受講生が増え続けている。
現在は、田舎の佐賀で暮らしながら、オンライン講座を全国・海外へ配信中。

ビックリするほど当《あ》たる！
12色《しょく》キャラ診断《しんだん》

大沢清文《おおさわきよふみ》著

2021年8月31日　初版発行
2021年9月23日　２刷発行

発行者　磐﨑文彰
発行所　株式会社かざひの文庫
〒110-0002　東京都台東区上野桜木2-16-21
電話／FAX 03(6322)3231
e-mail:company@kazahinobunko.com　http://www.kazahinobunko.com
発売元　太陽出版
〒113-0033　東京都文京区本郷3-43-8-101
電話03(3814)0471　FAX 03(3814)2366
e-mail:info@taiyoshuppan.net　http://www.taiyoshuppan.net
印刷・製本　モリモト印刷
企画・構成・編集　星野友絵（silas consulting）
12色キャラクター・本文イラスト　遠藤庸子（silas consulting）
装丁　重原 隆
DTP　宮島和幸（KM-Factory）

ISBN978-4-86723-051-0